Miriam Sasse

Inviting Leadership

Einladende Führung - Auszug aus dem Buch LEAD

Bibliografische Information der deutschen Nationalbibliothek
Die Deutsche Nationalbibliothek verzeichnet diese Publikation in der Deutschen Nationalbibliografie. Detaillierte bibliografische Daten sind im Internet über http://dnb.d-nb.de abrufbar.

Alle Angaben und Programme in diesem Buch wurden mit größter Sorgfalt kontrolliert. Weder Autorin noch Verlag können jedoch für Schäden, die in Zusammenhang mit der Verwendung dieses Buches stehen, haftbar gemacht werden.
Um die Lesbarkeit zu vereinfachen wird auf die zusätzliche Formulierung der weiblichen Form häufiger verzichtet. Wir möchten deshalb darauf hinweisen, dass die ausschließliche Verwendung der männlichen Form explizit als geschlechtsunabhängig verstanden werden soll.

1. Auflage 2022
Copyright © 2022 Dr. Miriam Sasse, mail@miriamsasse.de
Lektorat: Dolores Omann, Ternitz

Illustrationen: Miriam Sasse
Herstellung und Verlag: BoD – Books on Demand, Norderstedt
Printed in Germany.
ISBN Printausgabe: 978-3756-2249-82

Inhalt

Vorwort

Der IT-Unternehmer Mik Kersten behauptet, dass Organisationen heute folgendes Problem haben (Kersten 2018): Die verantwortlichen Manager und Führungskräfte wissen durchaus, dass sie auf schnelllebige Märkte mit Veränderung reagieren müssen. Allerdings wird in vielen Organisationen versucht, dieses Problem mit Management-Modellen und Infrastrukturen der letzten industriellen Revolution zu lösen. Für die Revolution von heute werden aber neue Modelle und neue Denkweisen benötigt.

Dabei geht es nicht darum, das Alte gänzlich zu entsorgen, sondern darum, dem bekannten System ein zweites zur Seite zu stellen. John P. Kotter (2012) und viele andere sprechen von einem dualen System, das sie bei vielen Höchstleistern beobachten: Es gibt eine Handlungsweise für stabile, undynamische Umfelder, in denen bekannte Standards und Best Practices verlässlich wirken – gleichzeitig wird aber eine Handlungsweise kultiviert, die schnelle Reaktionen in instabilen, dynamischen Umfeldern

zulässt. Talente in der Organisation bekommen den Freiraum, um Neues auszuprobieren und damit zu experimentieren. Die Höchstleister unter den Organisationen reagieren auf diese Weise leidenschaftlich auf Überraschungen aus dem Markt und überraschen wiederum selbst ihre Konkurrenten. Jede Organisation existiert in diesem Spannungsfeld von gleichzeitiger Stabilität und Instabilität und es ist wichtig, das Hin und Her und die Kräfte zwischen beiden Systemen bewusst zu gestalten.

Das Buch „LEAD - Resiliente Organisationen durch einladende Führung" und dieser Auszug daraus haben daher einen anderen Fokus als die 40.000 anderen Management-Bücher, die ich bei Amazon unter dem Schlagwort „Führung" finde. Mir geht es nicht darum, Wege zum wirtschaftlichen Arbeiten aufzuzeigen oder Ihnen zu erklären, wie höchste Qualität erzeugt wird. Ich werde Ihnen nicht erzählen, wie ein Manager sein sollte, um möglichst schnell be-fördert zu werden. In diesem Buch geht es um die

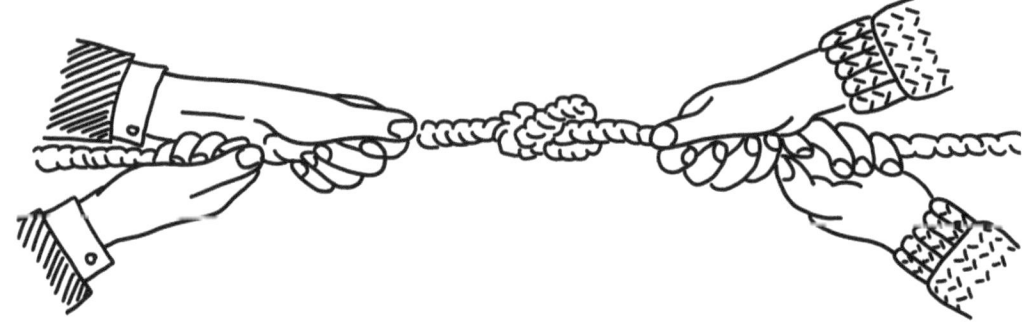

Frage: Was kann Führung dazu beitragen, um widerstandsfähige Teams entstehen zu lassen, die sich in ihrer Arbeit gestärkt und handlungsfähig fühlen? - Ich will Ihnen zeigen, wie Sie sich selbst gut führen können, denn aus dieser Balance heraus werden Sie Ihre Teams und letztendlich die Organisationen in jeder Situation gut führen. Die Fähigkeit, sich selbst zu führen, brauchen Sie in turbulenten, dynamischen und unsicheren Zeiten. Wie tasten wir uns also an dieses Thema heran?

Dieses Booklet ist ein Auszug aus meinem Buch LEAD, welches als Begleitlektüre zu meinem Training für Führungskräfte entstanden ist, das ich seit einigen Jahren anbiete. Das Training ist sehr auf die Praxis, die gemeinsame Diskussion und die Anwendung der Inhalte ausgerichtet, daher beinhaltet das Buch LEAD vor allem die theoretischen Hintergründe und Grundlagen.

Der Auszug, den Sie hier in den Händen halten, beinhaltet das komplette Kapitel 7 „Inviting Leadership" sowie die Unterkapitel 4.4 und 4.5 über die Führung für mehr Selbstorganisation und Unterkapitel 6.2 und 6.3 über die Wichtigkeit von Ansehen und Autorität bei der Führung mit Einladungen.
Mit dem Buch LEAD können Sie dieses Wissen ergänzen, es aus psychologischer und systemtheoretischer Sicht beleuchten und in einen größeren Rahmen stellen. Die Basis zu diesem Buchauszug lieferte das Buch „Inviting Leadership - Invitation-Based-Change in the New World of Work" von Daniel Mezick und Mark Sheffield, 2018 im Amazon Verlag erschienen.

Möge Ihnen dieser Auszug über Inviting Leadership als Orientierung auf Ihrem persönlichen Weg als Führungskraft dienen.

Miriam Sasse

Mai 2022, Paderborn

Selbstorganisation braucht Führung

Das Ergebnis zielorientierter Führung

Hinter Selbstorganisation steckt mehr als nur „weniger Arbeit für die Führungskraft". Es geht nicht darum, dass die Mitarbeiter die Arbeit ihrer Führungskräfte übernehmen, sondern um den bereits erwähnten Respekt vor den eigenen Grenzen. Auf Einzel-, Team- und Unternehmensebene werden Entscheidungen und Prioritäten selbst getroffen, wenn man bei der täglichen Arbeit an Grenzen stößt. Solange die Arbeit nicht an eine Grenze stößt, müssen wir keine Entscheidung treffen. Erst wenn wir keine Zeit, kein Geld, keine Ressourcen, keine Lösung haben, müssen wir zwischen den noch vorhandenen Möglichkeiten wählen.

Ein selbstorganisiertes Team trifft die meisten Entscheidungen, von denen die Arbeit des gesamten Teams beeinflusst wird, selbst – früher war eine Führungskraft für diese Entscheidungen zuständig. Nicht-triviale Entscheidungen zu treffen, erfordert Konzentration und Aufmerk-

samkeit, weil viele Faktoren und mögliche Reaktionen berücksichtigt werden müssen. Für diese Form von Selbstmanagement ist Engagement notwendig, das wiederum die Fähigkeit stärkt, Veränderungen wahrzunehmen und darauf zu reagieren, um gute Ergebnisse zu erzielen.

Führung setzt den Rahmen

Natürlich arbeitet jeder Mensch und jedes Team immer zu einem gewissen Grad selbstorganisiert. Damit das Team den Grad der Selbstorganisation aber erhöhen kann, braucht es kontinuierliche Begleitung durch die Führungskräfte. Ein Team braucht das WAS und WARUM, an dem es sich ausrichten kann: Es muss genau wissen, welche Ziele es aus welchen Gründen erreichen soll, damit es seine Arbeitsweise – das WIE – selbst organisieren kann.

Stephen Bungay (2010) beschreibt, wie diese Ausrichtung, das Alignment, und Autonomie orthogonal zueinanderstehen: Je stärker das Alignment ist, desto mehr Autonomie kann man sich erlauben. Dieser Zusammenhang wird von Führungskräften oft vergessen, wenn sie ein Team in die Selbstorganisation begleiten wollen. Von jetzt auf gleich lassen sie alle Zügel locker und geben ihrem Team gar nichts mehr vor. Wenn sie dann merken, dass es ineffizient oder gar chaotisch wird, reißen sie abrupt die Zügel wieder an sich. So werden die Mitarbeiter stark verunsichert und wagen keinen Schritt weiter in Richtung Selbstorganisation.

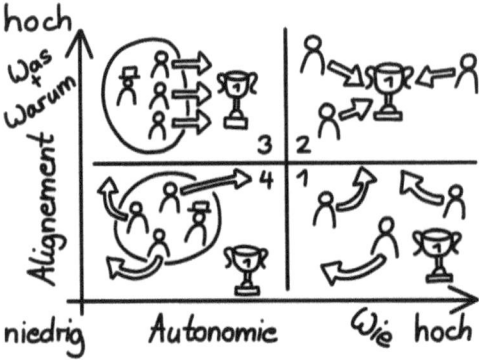

Nur ein hohes Alignment bei gleichzeitig hoher Autonomie schafft Selbstorganisation in den Teams – alles andere nicht. Henrik Kniberg beschreibt in seinem Blog die vier abgebildeten Bereiche mit folgenden Beispielen:

1. Niedriges Alignment & hohe Autonomie: Sie lassen Ihre Mitarbeiter frei neue Ideen entwickeln, ohne irgendein Ziel, wie zum Beispiel beim Brainstorming.

2. Hohes Alignment & hohe Autonomie: Sie berichten Ihren Mitarbeitern von Ihrer Absicht und lassen die Mitarbeiter das Vorgehen erarbeiten. Zum Beispiel: „Wir vermuten auf der anderen Seite des Flusses seltene Erden. Wie kommen wir dorthin?" Die Mitarbeiter werden verschiedene Möglichkeiten entwickeln, angefangen vom Neubau einer Brücke über die Nutzung vorhandener Brücken bis hin zum Einsatz von Hubschraubern. Auf diese Weise erreichen Sie den maximalen Outcome.

3. Hohes Alignment & niedrige Autonomie: Sie sagen den Mitarbeitern, was zu tun ist, ohne die Absicht zu vermitteln. Zum Beispiel: „Baut eine Brücke nach diesem Bauplan." Niemand weiß, dass es um seltene Erden geht und niemand wird alternative Lösungswege vorschlagen. Diese Konstellation ist angebracht, wenn es um nicht verhandelbare, zu befolgende Gesetze geht.

4. Niedriges Alignment & niedrige Autonomie: Sie sagen jedem Mitarbeiter täglich, was er zu tun hat. Niemand weiß, dass der einzelne Handgriff eine Brücke ergeben soll, geschweige denn, dass es um seltene Erden geht.

Bei Variante 4 haben Sie als Führungskraft am meisten zu tun. Ohne Sie wird nichts vorangehen, alles hängt von Ihnen ab und ohne Sie kann nichts erreicht werden. Die Selbstorganisation ist auf dem Nullpunkt. Bei Variante 3 landen Sie wahrscheinlich, wenn es um das Einhalten von Gesetzen geht und die Erfüllung auf eine andere Art und Weise nicht erlaubt ist. Bei allen anderen Aufgaben, wo Varianten in der Ausführung möglich und bei komplexen Aufgaben sogar sehr sinnvoll sind, streben Sie Selbstorganisation an. Das werden alle Beteiligte erreichen, wenn ihnen ausreichend bekannt und klar ist, was das Unternehmen aus welchen Gründen erreichen will.

Selbstorganisation braucht also eine hohe Transparenz über die Situation, die Rahmenbedingungen und Intentionen, Offenheit gegenüber Innovations- und Verbesserungsexperimenten sowie kurze Feedbackschleifen. Die Vorgesetzten haben die Aufgabe, die Veränderung zu begleiten und Strukturen, Prozesse und Strategien nachhaltig anzupassen. Es braucht einige Zeit, in der dem Team Stück für Stück mehr Verantwortung und mehr Befugnisse übertragen werden.

Je nachdem, wie relevant, wirkungsvoll und häufig das Team eigene Entscheidungen treffen darf, werden die Auswirkungen auf das Engagement der Mitarbeiter mehr oder weniger nachhaltig sein. Unwesentliche Entscheidungen wie der Küchenputzplan steigern die Selbstorganisation nur minimal. Wenn Sie nur heute die Mitarbeiter nach der Zukunft des Unternehmens befragen, es aber früher nie getan haben und auch in Zukunft nicht mehr tun werden, werden sich die Mitarbeiter nicht nachhaltig stärker engagieren.

Die plötzliche „Freiheit" kann überwältigend sein und lähmen. Es ist daher wichtig, die Befugnisgrenzen bewusst eng oder weit zu setzen, um die Mitarbeiter mit der Verantwortung nicht zu über- oder unterfordern. Die Entscheidungsbefugnisse sollten sich an der Reife und den Fähigkeiten der Mitarbeiter orientieren. Wenn die Auswirkungen von Mitarbeiterentscheidungen zu gering sind, dann ist auch das Engagement der Mitarbeiter gering. Wenn aber die unternehmensweite Auswirkung dieser Mitarbeiterentscheidungen zu hoch ist, dann können sich prozessuale und organisatorische Mängel einschleichen und sich negativ auf die Unternehmensziele und -ergebnisse auswirken. Jedes Unternehmen ist einzigartig und Sie müssen Ihre Einladung an die Mitarbeiter, mehr Befugnisse und Verantwortung zu übernehmen, individuell anpassen, um die besten Ergebnisse zu erzielen. Es gibt einen optimalen Befugnisbereich in Ihrem Unternehmen und die Ergebnisse werden an den Grenzen dieses Bereichs schlechter. Wo dieser optimale Bereich liegt, erfahren Sie nicht durch Analysen, sondern durch Experimente.

Egal, wo dieser optimale Bereich in Ihrem Unternehmen liegt: Wenn ein Team psychologische Sicherheit bei maßgeblicher Mitbestimmung erfährt, wird es mehr und mehr Entscheidungen und Priorisierungen selbst treffen (Duhigg 2016). Dieser hart erkämpfte hohe Grad an Selbstorganisation zerfällt jedoch schnell wieder, wenn das Team erlebt, dass das Management über eine gewisse Schwelle hinaus in seine Grenzen eingreift. Das Engagement der Mitarbeit sackt dann sofort in sich zusammen. Danach kann es Monate dauern, bis der einstige Grad der Selbstorganisation und des Mitarbeiterengagements wiederhergestellt ist.

Zu viele zentral durch die Führungskräfte geplante Entscheidungen führen zu „totalitärer Herrschaft" und einem sehr geringen Engagement der Mitarbeiter. Zu viel Entscheidungskompetenz für die Mitarbeiter kann allerdings die Konsistenz von Prozessen beeinträchtigen und verhindern, dass konstant gute Ergebnisse erbracht werden. Deshalb sollte jeweils situativ und personenabhängig der passende Rahmen gefunden werden, um jeden einzelnen Mitarbeiter und die Organisation bei der Weiterentwicklung zu unterstützen.

Gemeinsame Ziele schaffen Selbstorganisation

Selbstorganisation ist die Eigenschaft eines Systems, sich unter sich verändernden Bedingungen selbst stabilisieren zu können. So wie unser Körper das kann: Wenn es kalt oder warm ist, können wir damit umgehen. Das können auch Unternehmen: Sie regulieren und organisieren sich selbst – je nachdem, was im Außen passiert. Auch einzelne Teams greifen diese Signale ihres Umfelds auf und reagieren darauf.

Diese selbstorganisierte Reaktion von Teams auf einen äußeren Stimulus läuft aber sehr oft unter dem offiziellen Radar ab, wie auch eine Studie des ADP Research Institute zeigt. Viele Teams tauchen im Organigramm eines Unternehmens gar nicht auf und bestehen nur inoffiziell. Bei offiziell temporären Teams sprechen manche von einer Matrix-Organisation und versuchen das auf einer PowerPoint-Folie abzubilden – ärgern sich dann aber, dass sie diese Folie wöchentlich aktualisieren müssen. Andere versuchen, jedes Team in das Organigramm aufzunehmen, rufen eine Umstrukturierung aus und werden mit ihrer Organisation extrem träge. Andere nehmen es hin, dass Teams an allen möglichen Stellen entstehen – mal für Tage, mal für Monate oder sogar Jahre. Die Mitglieder dieser Teams kommen und gehen ständig. In manchen Organisationen werden solche Teams als „virtuelle Teams" bezeichnet, wenn sie Aufträge offiziell erhalten haben und auch offiziell bearbeiten. Meist sind diese Teams zeitlich befristet, haben gemeinsame Ziele und arbeiten standortübergreifend zusammen.

Im Gegensatz dazu schwimmen inoffizielle Teams, wie sogenannte U-Boot-Projektteams, unter der Oberfläche, leisten gute Arbeit, zum Beispiel bei Prozess- oder Produktverbesserungen, und kommen unerwartet mit einem beeindruckenden Ergebnis an die Oberfläche. Wohland (2012) bezeichnet diese Cliquen von Talenten als „Höchstleistungsinseln": Im Geheimen verletzen sie die Regeln, um das Unternehmen nach vorne zu bringen oder gar zu retten. Sie sind es, die eine Organisation klug machen.

Mitarbeiter lieben diese Art der Selbstorganisation, wenn auch manchmal mit einem schlechten Gewissen, weil ihnen bewusst ist, dass sie die Regeln brechen. Bemerkt jedoch das Management das U-Boot bzw. das Höchstleistungsteam und möchte es offiziell machen, möchte oft niemand mehr mitarbeiten. Die einst Hochmotivierten befürchten, dass ihnen jetzt wieder das Korsett angelegt wird und die Selbstbestimmung verloren geht. Sie verspüren nicht genug Sicherheit, um ihre Arbeit „unter Kontrolle" genauso gut fortsetzen zu können wie bisher.

Selbstbestimmung ist ein Grundbedürfnis jedes Menschen. Es ist ein Zustand, in dem man die eigene Selbstwirksamkeit erlebt. Rückt der Blick weg von den eigentlichen Zielen und gewinnen Bestimmungen, Regeln und Vorschriften wieder die Oberhand, verliert ein Team seinen Antrieb. Dabei könnte es so einfach sein: Selbstorganisation in und zwischen Teams entsteht im passenden Rahmen von ganz allein. Heutzutage können Sie Teams, die sich dynamisch, kurzlebig, inoffiziell und zufällig bilden, nicht nur in Fluren und Kaffeeküchen beobachten, sondern auch online. Über WhatsApp, Slack, Jira, MS Teams, interne Foren und Social Media werden Kommunikationskanäle angelegt, um die Zusammenarbeit zu erleichtern. Betrachten Sie diese Dynamik mit Faszination und Freude, denn sie bringt die Arbeit maßgeblich voran. Dass große Menschengruppen sich automatisch in kleinere, fließende Teams aufteilen, können Sie auf jeder Party beobachten: Eine kleine Gruppe von Leuten hat ein Gesprächsthema oder eine Aufgabe. Wird die Gruppe zu groß, verlassen manche die Runde. Ist das Thema erledigt, löst sich die Gruppe wieder auf, nimmt sich ein anderes Thema vor oder zerteilt sich in kleinere Teams mit eigenen Themen.

Das regulierende Prinzip des gemeinsamen Ziels lässt sich auch während eines Umzugs beobachten, bei dem Freunde mithelfen. Schon die natürlich gegebene Transparenz alleine sorgt für gegenseitige Unterstützung und Organisation: Die Freunde packen dort an, wo sie sich selbst am besten einbringen können. Der eine schleppt schwere Sachen, die andere ist eine Verpackungskünstlerin und sorgt dafür, dass nichts zu Bruch geht. Es bilden sich laufend die passenden Teams für den jeweiligen Zweck. Das passiert insbesondere dann, wenn der Umziehende den Helfern keine Vorschriften macht. Dieses Vakuum an Anweisung füllen die Freunde mit Selbstorganisation. Denn die Absicht ist klar: Umziehen – alles, was in der alten Wohnung steht, muss in die neue Wohnung. Jeder sieht, was noch getan werden muss.

Wenn der Fokus nach außen gerichtet ist, kommt die Selbstorganisation von ganz allein. Dafür braucht es nur den Blick auf das Ziel, den Kunden, den Markt, die Konkurrenten – auf die externen Referenzen. Sind die Mitarbeiter unzufrieden, weil die Selbstbestimmung fehlt, richtet sich der Blick auf die internen Referenzen. Oft geschieht das durch Regeln, die das Team in seiner Arbeit einschränken.

Welche Regeln sind nun aber sinnvoll? Wenn zum Beispiel keine freie Vertrauensarbeitszeit, keine Software außerhalb der wenigen freigegebenen Tools erlaubt wird, wenn Mitarbeitern Coaching-Tätigkeiten verboten werden, wenn eine Auslastung von mindestens 90 Prozent gefordert, aber nur an einem Tag im Monat Homeoffice erlaubt wird, sind die Menschen persönlich beleidigt. Sie sagen: „Das lasse ich mir nicht verbieten! An einem anderen Standort, in einem anderen Team gibt es Ausnahmen von der Regel!" Solche Regeln greifen das Bedürfnis des Mitarbeiters nach Selbstbestimmung an. Ihnen wird ein grundsätzliches Misstrauen entgegengebracht und sie fühlen sich – bewusst oder unbewusst – entmündigt. Starker Widerstand und Verweigerung können die Folge sein.

Regeln helfen oft nicht weiter, denn jeder kann seine Verantwortung an diese Regeln abgeben. Wenn es schwachsinnige Regeln sind und jemand kann das Problem damit nicht lösen, obwohl er sich an die Regeln hält, kann er immer noch sagen: „Ich habe mich aber an die Regeln gehalten." Regeln nehmen den Mitarbeitern das selbstständige Denken ab und lassen die Organisation verdummen.

Anders sieht die Sache aus, wenn wir Mitarbeiter nicht danach bewerten, ob sie ihre Arbeitszeit brav abgesessen haben. Wenn gemeinsame Ziele und die Zufriedenheit der Kunden im Vordergrund stehen, dann sind damit wertvolle Prinzipien verbunden, von denen sich niemand persönlich getroffen oder angegriffen fühlt. Mitarbeiter sollten nicht das Gefühl haben, bei einer Auswahl an Möglichkeiten den Kürzeren gezogen zu haben. Gute Prinzipien schließen Möglichkeiten aus und bieten Leitplanken für den Handlungsraum. Die Absicht hinter dem Prinzip ist klar erkennbar und gibt einen guten Rahmen für Selbstorganisation.

Doch selbst wenn Unternehmen bereits einen Schritt weiter gehen und Vertrauensarbeitszeit oder Homeoffice erlauben wollen, verbietet es oft die Gesellschaft. Die europäische Gesetzgebung fordert die genaue Dokumentation von Arbeitszeiten, um die Mitarbeiter zu schützen. Dem Unternehmen steht es dadurch nicht mehr frei, die Vertrauensarbeitszeit einzuführen.

Unterstellt die Gesellschaft den Unternehmen böse Absichten? Oder uns Mitarbeitern ein hohes Maß an Unmündigkeit, durch die wir Gefahr laufen, uns ohnmächtig vom Unternehmen ausnutzen lassen? Unternehmen ziehen mit, wenn in jedem Meeting-Raum kleine Tischaufsteller mit den Meeting-Regeln deponiert werden und an jeder Treppe ein Schild mit dem Hinweis „Bitte Handlauf benutzen" angebracht wird.

Als ob wir nicht selbst wüssten, dass wir andere ausreden lassen oder nicht auf Schreibtischstühle steigen sollten – wer unbedingt will, macht es ja mit oder ohne Vorschriften. Diese Unmündigkeit, die uns vorgeworfen wird, sorgt dafür, dass die Mitarbeiter ihr Gehirn am Eingang des Unternehmens abgeben.

Sie müssen aber nicht durch falsche Fürsorge vor ihrer Unmündigkeit beschützt werden. Ganz im Gegenteil: Wenn Mitarbeiter mitentscheiden und selbstorganisiert arbeiten sollen, benötigen sie mehr Informationen über Wirtschaftlichkeit und Kundenbedürfnisse – am besten bekommen sie diese Informationen direkt aus den relevanten Absatzmärkten. Alle Organisationsmitglieder können mit Kennzahlen wie Cashflow oder EBIT, den Nutzungs- und Kaufstatistiken von Produkten und direktem Kundenfeedback umgehen. Die transparente Handhabung dieser Kennzahlen und Berichte fördert die Selbstorganisation.

Führung als konstruktive Störung der Selbstorganisation

Ein dynamisches Umfeld verträgt sich nicht mit der klassischen Steuerung des Unternehmens durch das Management. Steuerung basiert darauf, dass die Vorgesetzten Wissen bereitstellen oder in Prozessen entsprechende Regeln und Verfahrensanweisungen vorgeben. Das Missachten der Anweisungen wird sanktioniert. Doch im dynamischen Umfeld verlieren selbst die klügsten Vorgesetzten nach und nach den Überblick und können Entscheidungen nicht mehr auf ihr eigenes und alleiniges Wissen stützen. Es ist einfach nicht mehr möglich, alles zu wissen. Das Management ist nun tatsächlich auf die Könner und

Talente angewiesen, die es eingestellt hat – und diese lassen sich nicht oder nur schlecht steuern.

Die Lösung liegt nicht in noch mehr Steuerung, sondern im Umschalten auf echte Führung. Führung bedeutet, dass Entscheidungsbefugnisse stärker zu jenen Teams und Experten verlagert werden, die eine gute Entscheidung aufgrund ihrer Kompetenzen treffen können. Könner und Talente folgen jenen Personen, in denen sie bestimmte Kompetenzen erkennen und die ihnen Orientierung geben können.

Also Achtung: Sobald Sie die Entscheidungsbefugnisse neu verteilen, ändert sich der Kommunikationsfluss im Unternehmen und dadurch auch die Unternehmenskultur. Es entsteht eine natürliche Hierarchie, die sozial legitimiert ist. Sind die Entscheidungsbefugnisse so verteilt, dass die befugten Personen die Entscheidungen direkt am Fluss des Wertstroms treffen können und keine langen Kommunikationswege notwendig sind, wird das Unternehmen durch die Selbstorganisation reaktionsschnell.

Egal, welche Art von Transformation Sie anstoßen wollen, ob die Organisation schneller, effizienter oder digitaler werden oder wachsen soll: Sobald Sie die Entscheidungsbefugnisse und somit die Kommunikationswege verändern, findet echte Veränderung statt. Führungskräfte beobachten in dieser neuen Konstellation lediglich die Qualität der Selbstorganisation und geben bei Problemen entsprechende Hinweise und Ratschläge.

Wenn sie das direkte Mittel der Macht nicht haben, brauchen Führungskräfte aber ein gewisses Ansehen, damit ihre Ratschläge gehört und nachgefragt werden. Mitarbeiter bitten nur diejenigen Personen um Rat, von denen sie einen guten Rat erhoffen. Dabei fragen sie am liebsten Personen, deren Rat sie ohne Risiko ablehnen können, wenn er ihnen nicht zusagt. Meistens sind das daher Personen, die keine (formale) Macht über die Ratsuchenden haben oder eine solche Macht nicht ausüben werden. Der Rat einer Person mit Macht wird hingegen stets als Anweisung verstanden, weil der Grad der Autorität zu hoch ist.

Führen kann folglich nur, wer ein gewisses Ansehen genießt – sei es aufgrund eines speziellen Talents oder wegen eines besonderen Gespürs für verschiedene Situationen. Weil Entscheidungen in einem dynamischen und komplexen Umfeld nicht nach Prozessen und Analysen getroffen werden können, werden Talente gebraucht, die bei Überraschungen nach Gefühl entscheiden können.

Was können Sie tun, um eine Organisation zu verändern? Eine Möglichkeit ist, geschützte Räume für Höchstleistungsinseln und U-Boot-Projekte zu schaffen, wo diese für alle sichtbar gemacht werden können. Durch diese Sichtbarkeit nehmen andere Personen im Unternehmen die Arbeitsweise und Leistung solcher Teams wahr und lassen sich davon inspirieren. Nur dann kann es als hilfreiche Provokation das Unternehmen zu einer Änderung bewegen.

Eine solche hilfreiche Provokation oder Irritation wird entweder vom Unternehmen ignoriert oder wahrgenommen und im besten Fall bewegt sie die Organisation zu einer Änderung. Jeder Impuls, jede Störung von außen ist eine externe Referenz, die eine Organisation erschüttern kann (Baecker 2011) – sie muss selbstorganisiert ein neues Gleichgewicht finden und sich anpassen. Der chilenische Biologe und Philosoph Humberto Maturana bezeichnet diesen Drang zur Selbsterhaltung eines Systems als Autopoiesis.

Den größten Einfluss auf die Organisation haben Sie dann, wenn Sie die Organisation ständig beobachten, scheinbare Spielregeln notieren und diese Beobachtungen mit anderen teilen. Die Organisation wird irgendwie darauf reagieren.

Was führt: Macht oder Ansehen?

Bis vor wenigen Jahrzehnten war die Verteilung der Macht in Organisationen eindeutig: Sie folgte der Hierarchie. Heute wird diese Verteilung von Macht und Autorität im Unternehmen in Frage gestellt. Denn was hat mehr Potenzial, eine Organisation tiefgreifend zu verändern: das Ansehen einzelner Personen oder deren hierarchische Macht?

Wird die hierarchische Führung also mehr und mehr zur dienenden Führung, zum „Servant Leadership"? Den Begriff des „dienenden Führers" beschrieb in den 1970ern schon Burn (1978). Eine solche Führungskraft geht diesen Weg aus dem Wunsch heraus, zu dienen und

stellt daher moralische und ethische Dimensionen in den Vordergrund. Er oder sie unterscheidet sich stark von der Person, die ihren Machttrieb befriedigen oder materiellen Besitz erwerben will (Greenleaf 1970).

Dass eine rein machtorientierte Führungskraft die Organisation auf Dauer nicht weiterbringt, führten in den 1990ern auch Katzenbach und Smith (1993) ins Treffen. Sie betonten, wie wichtig es sei, dass Führungskräfte wissen, wann sie selbst folgen müssen und eher als Moderatoren denn als Direktoren fungieren sollten. Sie schlagen vor, dass die Führungskraft Fragen stellen sollte, statt Antworten zu geben. Solche Führungskräfte haben so viel Selbstbewusstsein, dass sie anderen die Möglichkeit geben können, sie zu führen und sie bringen die Arbeit der anderen unterstützend voran, statt Arbeit durch kontrollierende Bürokratie zu verhindern. Diese Führungskräfte suchen nach einem gemeinsamen Verständnis statt nach einem Konsens.

Der Alltag in den Unternehmen sieht freilich noch anders aus: 2018 legte eine Studie der Managementberatung Kienbaum und der Online-Jobplattform Stepstone an den Tag, dass mehr als 14 Prozent der befragten 13.500 Fach- und Führungskräfte ihrem Chef einen negativen Führungsstil bescheinigten. Aussagen wie „Mein Vorgesetzter spricht vor anderen schlecht über mich" oder „Mein Vorgesetzter hält sich nicht an Absprachen" wurde voll zugestimmt. Mehr als ein Viertel der Betragten gab an, dass sie von ihrem Vorgesetzten weder Vorgaben noch Feedback erhalten. Nach Schmitt und Esser (2010) glaubt auch heute noch die Mehrheit der Führungskräfte daran, dass Führung mit Statusspielchen gleichzusetzen sei und dass man deshalb in jeder Situation die Oberhand behalten müsse. Blickle (2004) beschreibt einige dieser Spieltaktiken:

- Blockieren, z.B. durch langsameres Arbeiten
- Forderungen aufstellen und mit Fristen versehen
- Sanktionieren, z.B. durch weniger leistungsabhängige Bezahlung
- Eskalation, z.B. indem höhere Instanzen eingeschaltet werden
- Appelle an Loyalität oder Moral
- Legitimation, z.B. durch offizielle Regularien oder Meinungen von Fachexperten

Solche Führungskräfte versuchen, ihre Position mit Macht durchzusetzen oder durch gezieltes Beeinflussen der Mitarbeiter ihre Ziele zu erreichen. Manche Führungskräfte glauben, sie müssten situationsabhängig bewusst zwischen diesen beiden Polen wechseln. Kruse (2004) zeigt auf, dass der ständige Wechsel zwischen Nähe und Distanz, das situationsabhängige Pochen auf den oder Ignorieren des Status die Mitarbeiter verwirrt und verunsichert.

Ansehen und Talent führen durch die Komplexität

Machtorientierte Führungskräfte vergessen, dass ihnen und auch allen anderen diese Spielchen auf Dauer nichts bringen. Jede Person im Unternehmen erhält ihre Autorität durch die Machtposition innerhalb der Hierarchie, durch das Ansehen aufgrund exzellenten Fachwissens, sozialer Fähigkeiten und außergewöhnlichen Talents. Manchmal erhält man Ansehen kontextbezogen, manchmal darüber hinaus. Als Fußballtrainer Jürgen Klopp nach einem Spiel zu seiner Meinung zur Corona-Pandemie gefragt wurde, lautete seine Antwort: „Fragen Sie die Leute, die Ahnung davon haben, die Experten, die Virologen." Wahre Worte – nur hören die Menschen lieber auf die, denen sie ein gewisses Ansehen und Kompetenz zuschreiben.

Wohland (2012) setzt machthungrigen Managern entgegen, dass Führung vor allem auf Talent und Gefühl für die Situation basiert. Führen kann nur jemand, der Ansehen besitzt und aufgrund dieses Ansehens um Rat gefragt wird. Auf diesem Rat baut die fragende Person ihre nächsten Handlungsschritte auf. Einen echten Rat kann aber nur geben, wer keine Macht hat. Eine Person in einer Machtposition kann keine Ratschläge geben, weil dieser Rat nicht von einer offiziellen Anweisung zu unterscheiden ist. Sobald hierarchische Macht mit dem Rat einhergeht, kann die fragende Person den Rat nur schwer ohne Risiko ablehnen. Daher ist Wohland (2012) der Meinung, dass Führung nur möglich sei, wenn die betreffende Person keine Macht hat oder keine Macht benutzt. Die Tatsache, dass für echte Führung auch das Ansehen gegeben sein muss, weist darauf hin, dass man Führung nicht „wollen" kann. Niemand kann von sich verlangen: „Ich mache jetzt Führung." Wenn die anderen nämlich kein Ansehen spendieren, können bzw. wollen sie auch nicht geführt werden – zumindest nicht von der Person, die diese Aufgabe ohne Ansehen erfüllen will. Das heißt: Führung ist an Talent gebunden. Wer Führung im Unternehmen braucht, muss dazu die entsprechenden Talente suchen.

OpenSpace Agility nutzt zum Beispiel die Open Space Technologie, um echte Führungspersönlichkeiten in den Vordergrund treten zu lassen. Das sind Menschen, denen andere in erster Linie aufgrund ihres Talents für die aktuelle Situation folgen. Das ist dann von Bedeutung, wenn die Umgebung dynamisch wird, jeder Tag eine neue Überraschung bereithält und Ziele und Planungen nur kurze Zeit halten. Jene Personen, die von anderen als Leader in komplexen Situationen ausgewählt werden, haben keinen Plan, sondern eine Strategie. Sie beschreiben, in welchem Raum gehandelt werden soll und vor allem, was nicht als Handlungsraum gilt. Sie sagen eben nicht, was die anderen tun sollen oder in welcher Reihenfolge, sondern sie beschreiben die Leitplanken anhand von Prinzipien, nach denen agiert werden kann. Sie beschreiben klare Spielregeln, mit deren Hilfe jeder seine eigenen Spielzüge tätigen kann.

Führungspersönlichkeiten ändern Spielregeln

Dieser Vergleich stammt aus der funktionalen Systemtheorie nach Luhmann (2000). Die Organisation ist ein Spiel mit ihren Spielregeln und die Mitarbeiter spielen dieses Spiel mit. Sie sprechen über das Spiel und innerhalb des Spiels, um es zu spielen. Sobald keine verbale

oder nonverbale Kommunikation innerhalb des Spiels und über das Spiel mehr stattfindet, wird das Spiel nicht mehr gespielt.

Wenn Sie in Ihrer Organisation zum Beispiel beobachten, dass zwei Führungskräfte ständig aneinandergeraten und nichts hilft, um die beiden zu versöhnen, liegt es meistens weniger an persönlichen Differenzen, sondern daran, dass beide in ihrem eigenen System feststecken und keinen Ausweg außer den Disput finden. Als Vergleich: Man kann sich bei Monopoly ganz wunderbar über den Kauf und Verkauf von Straßen streiten. Dies hat nur zu einem geringen Teil mit der Persönlichkeit der Spieler zu tun – das Spiel „lebt" von dieser Art des Disputs. Die den Konflikten innewohnenden Spannungen sind ein wichtiger Motor für Spielspaß und Kreativität. Ein Dissens in einem konstruktiven Rahmen, dem kontextbezogen und mit einer offenen Haltung begegnet wird, ist wesentlich für tiefgründige Einsichten, Lernerfolge und neue Ideen. Deshalb hilft es oft einem Projekt nicht, wenn Sie den Projektleiter wechseln, um Differenzen zu vermeiden. Eine Organisation verändert sich ebenfalls nicht, wenn Sie den Geschäftsführer wechseln. Es ändert sich nur etwas, wenn diese neue Person es versteht, die Organisationsstrukturen – den Rahmen – so zu verändern, das System so zu irritieren, dass es zu einem veränderten Spiel mit neuen Spielregeln wird.

Wenn Sie sich zum Beispiel wundern, warum nicht alle Führungskräfte gemeinsam an neuen Visionen und Zielen arbeiten, liegt das meist an den internen Strukturen. Hat jeder zum Beispiel individuelle Kennzahlen zu erreichen und ist dabei gleichzeitig durch Prozesse und Software-Tools an seine aktuelle Arbeitsweise gebunden, wird keine neue Zusammenarbeit entstehen. Erst wenn Sie die Spielregeln ändern und neue zu lösende Kunden- oder Marktprobleme spielübergreifend vorgeben, können sich die Führungskräfte neu ausrichten. Es kann Ihnen passieren, dass sich während eines Workshops zu den gemeinsamen Zielen alle hoch motiviert und freundschaftlich dazu bereit erklären, diese Ziele zu verfolgen. In Wirklichkeit spielen aber alle nur das von ihnen erwartete Business-Theater auf der Bühne „Workshop". Abseits der Bühne verfolgen Sie ihre eigenen Arbeitsweisen und Gewohnheiten, die bisher das Überleben ihrer Abteilung gesichert haben. Nun stellt sich die Frage, ob Sie neue Spielregeln einführen oder die Spielregeln überlisten können. Unternehmen brauchen Mitarbeiter, die offizielle Regeln im Interesse der Organisation unterlaufen, um das Überleben der Organisation und Innovationen für die Zukunft zu gewährleisten.

Die Menschen in der Organisation nehmen eine Rolle wahr, die vom „Unternehmensspiel" festgelegt wird. Sie sind an die Erwartungen gebunden, die mit ihrer Rolle verbunden werden. Da ist es nicht vollkommen, aber zu einem großen Teil egal, welche Persönlichkeit und Überzeugungen sie für die Rolle mitbringen.

Das bemerken Sie zum Beispiel dann, wenn in einem Projekt mit drei Jahren Laufzeit regelmäßig der Projektleiter wechselt, weil „der jetzige es nicht bringt". Und dann sind alle erstaunt, dass der nächste Projektleiter wieder in genau die gleichen Fettnäpfchen tritt. Sie bemerken das auch, wenn Sie das Unternehmen verlassen in dem Glauben, Sie wären unersetzbar. Aber irgendwie läuft doch alles in den gleichen Bahnen weiter.

Die Kultur bestimmt die Spielregeln

Das System entscheidet, welche Rolle wir spielen, und dabei sind Menschen sehr anpassungsfähig. Wir können morgens auf einer Beerdigung unser Mitgefühl zeigen, am Nachmittag knallhart und emotionslos im Büro Preise verhandeln und am Abend auf dem Fußballplatz grölen und mitfiebern. Wir sind drei ganz unterschiedliche Personen, abhängig vom System.

Jedes System, jedes Spiel hat seine Regeln. So wie beim Schachspiel die Zugmöglichkeiten für die Figuren feststehen, bestimmen im Unternehmen die kulturellen Regeln das Spiel: Sie beschreiben die Dienstwege, den Umgangston, den Kleidungsstil, wie Entscheidungen getroffen werden und welchen Talenten man folgt.

Nur wenn im und über das System kommuniziert wird, existiert das System überhaupt. Die Kommunikation gibt dem System seine Lebenskraft – vergleichbar mit einer Körperzelle, die nur so lange lebt, wie sie kommuniziert und Botenstoffe empfängt und sendet. Die Kultur eines Unternehmens entsteht aus den Kommunikationen, die erfolgreich sind. Denn jede Kommunikation, jedes Denken und Verhalten, das erfolgreich ausgeht, wird wiederholt und etabliert sich bei mehrfacher erfolgreicher Wiederholung als Muster. Erfolglose Kommunikationswege werden nicht wieder eingeschlagen.

Mezick et al. (2019) fassen diese Beziehung in ihrem „Culture Stack" zusammen: Die Basis bildet das Schema der Befugnisverteilung, also der Verteilung der Macht im Unternehmen. Abhängig davon, wie die offiziellen Rollenbefugnisse und das Ansehen im Unternehmen verteilt sind, werden offizielle und inoffizielle Regeln sowie Grundsätze etabliert. Entsprechend dieser Regeln – zum Beispiel wer was wann zu entscheiden hat – bilden sich Kommunikationswege aus. Die etablierten Kommunikationswege werden zu Mustern, die langfristig die Kultur des Unternehmens ausmachen.

Ein Beispiel: Die Entscheidung über die neue Cloud-Technologie liegt bei den Führungskräften. Sie treffen sich einmal im Monat zum offiziellen „FK1 Roundtable". Hier wird etwas beschlossen, das aber niemand einhält. Auf den Fluren und beim Kaffee haben sich einzelne Führungskräfte inoffiziell mit dem Cloud-Experten ausgetauscht und sich für sein Vorgehen entschieden. Dass das eigentlich gegen die offizielle Entscheidung verstößt, spricht niemand an. Wenn jetzt jemand anregt, in Zukunft den Experten offiziell entscheiden zu lassen oder ihn zum FK1 Roundtable einzuladen, kann dies zu erheblichen Streitereien führen. Diese neue Befugnis spricht gegen bestehende, wenn auch inoffizielle Regeln. Sie setzt neue Kommunikationswege in Kraft und lässt alte verschwinden. Dahinter steht eine ganz andere Kultur – und schon springt die Immunreaktion des Systems an, denn „das macht man doch nicht", „wo kommen wir denn da hin" und „das haben wir schon immer so gemacht".

Suchen Sie immer nach den Kommunikationsmustern im System: Welche Strukturen fördern aktuell das Verhalten im System? In jedem scheinbaren Unsinn steckt ein tieferer Sinn. Deshalb fragen Systemtheoretiker wie Psychologen immer: Wofür ist es gut, dass es so ist, wie es ist?

Freigabe von Autorität:
Alles oder nichts?

Echte Veränderungen in Unternehmen beginnen also mit einem neuen Schema der Befugnisverteilung. Viele Führungskräfte glauben, dass sie alle ihre Entscheidungsbefugnisse abgeben, sobald sie auch nur eine einzige wesentliche Entscheidung autorisieren. Sie haben Angst davor, dass Chaos entsteht, dass sie die Kontrolle verlieren oder dass sie sich selbst und ihre Rolle obsolet machen.

Wenn Sie Mitarbeiter zur Mitgestaltung einladen, fördert dies das Engagement der Mitarbeiter und generiert ein wesentlich höheres Maß an Selbstmanagement. Aber es reduziert nicht die Kontrolle durch die Führung, es führt nicht zu Chaos und es verlangt von Ihnen auch nicht, „alles abzugeben". Es macht Sie oder Ihre Rolle nicht obsolet. Im Gegenteil, es macht Sie und Ihre Rolle wichtiger denn je. Sie definieren die gesamte Arbeitsumgebung, indem Sie in jeder Einladung zur Mitgestaltung die Grenzen klar definieren. Sie müssen Ihre Autorität nicht abgeben. Autorität hat man. Man kann andere in diese Autorität mit aufnehmen, sie in das Licht der Autorität stellen und sichtbar machen. Dadurch behält man seine eigene Autorität. Es reicht, wenn Sie diese duplizieren, so wie sie ein Foto beim Übertragen von einem Handy auf ein anderes Handy duplizieren – das Original bleibt Ihnen ohne Verluste erhalten.

Was ein Vorgesetzter oder eine Vorgesetzte den Mitarbeitern mit der Einladung zur Mitgestaltung eigentlich sagt, ist: „Ich kann das Problem nicht alleine lösen, denn ich bin nicht nah genug am Problem, um die Fakten zu kennen."

Das ist ehrlicher Respekt vor dem Können der Mitarbeiter und ihrem Engagement, um die beste Antwort zu finden. Genauso können aber auch die Mitarbeiter das Problem nicht allein lösen, weil sie dem Problem oft zu nahestehen, um das größere Ganze zu erkennen. Sie verzichten möglicherweise darauf, selbstkritische Fragen zu ihrer eigenen Arbeit zu stellen. Gebraucht werden also sowohl Personen, die im System arbeiten, als auch Personen, die am System arbeiten. Nur durch gegenseitigen Respekt für die jeweils andere Personengruppe ist es möglich, Probleme zu lösen. Die Macht der Führungskräfte definiert sich daher nicht mehr durch die Anzahl der Untergebenen, sondern durch ihren Einfluss auf das Netzwerk und dessen Weiterentwicklung. Dadurch werden die Führungsaufgaben anspruchsvoller.

Wesentlich schwieriger als das Befehlen und Kontrollieren ist es, sich um Menschen zu kümmern, sie bei der Weiterentwicklung zu unterstützen und mitreißende Visionen zu erarbeiten. Es erfordert Mut, Aufgaben vollständig zu delegieren, obwohl man immer noch zur Rechenschaft gezogen wird, wenn etwas schiefgeht. Selbst wenn etwas nicht gelingt, sollte die Führungskraft dies wertschätzen und den Lerneffekt in den Vordergrund stellen. An die Stelle des Null-Fehler-Prinzips tritt das Prinzip „Fail fast, fail often" – der Unsicherheit begegnet man mit Experimenten und Selbstorganisation.

Das alte Paradigma, man könne von Anfang an alles analysieren, berechnen, planen und jedes Risiko vermeiden, wird aufgebrochen. Darüber sind weder alle Mitarbeiter noch alle Führungskräfte glücklich. Veränderungen dieser Art machen Angst, sie erzeugen Widerstände und sind manchmal demotivierend. Hier ist es wichtig zu verstehen, welche Bedürfnisse alle Mitglieder der Organisation haben, was sie wirklich motiviert und welche Angstauslöser es in der Veränderung gibt. Über diese Themen und die sich ändernden Rollenerwartungen sollten sich Vorgesetzte und Mitarbeiter abstimmen. Jeder formuliert aus seiner Sicht, wovon die anderen Rollen mehr oder weniger machen oder was sie beibehalten sollten.

Inviting Leadership

Echte Einladungen zu formulieren, ist wohl die wichtigste und wertvollste Fähigkeit von Führungskräften im 21. Jahrhundert. Wenn Mitarbeiter dazu eingeladen werden, die Geschichte des Unternehmens mitzugestalten oder ihre Arbeitsschwerpunkte selbst auszuwählen, kurbelt das das Engagement und die Moral an. Die Energie der Mitarbeitenden steigt genauso wie deren Bewusstsein für die Herausforderungen im Unternehmen. Führung auf Basis von Einladungen sorgt für mehr Transparenz und befähigt Sie als Führungskraft, Dynamiken und Signale innerhalb und außerhalb des Unternehmens schneller wahrzunehmen und effektiv auf alle Arten von Veränderungen zu reagieren.

„Inviting Leadership", wie dieser Ansatz auch genannt wird, ist die Basis für eine nachhaltige Entwicklung des Unternehmens, bei der die Mitarbeiter ihr Potenzial einbringen und Talente langfristig im Unternehmen bleiben. Die Einladung zu Experimenten sollten Sie gerade deshalb zum Teil Ihrer Strategie machen, damit das Unternehmen mit den laufenden technologischen Veränderungen Schritt halten und sich an den notwendigen Stellen radikal verändern kann.

Gerald Hüther sagt: „Wir brauchen Gemeinschaften, deren Mitglieder einander einladen, ermutigen und inspirieren, über sich hinauszuwachsen." Eine Unternehmenskultur, die das Potenzial der Mitarbeitenden fördert, erreichen Sie nur, wenn diese die Freude am eigenen Denken und die Lust am gemeinsamen Gestalten wiederentdecken. Hüther (2015) beschreibt, dass wir für die Entfaltung des in uns angelegten Potenzials die Begegnung und den Austausch mit anderen brauchen. Wenn wir Potenzialentfaltung fördern möchten, kann man den anderen nur einladen, sich darauf einzulassen. Wenn er sich nicht so leicht einladen lässt, weil er durch frühere Erfahrungen schon so oft entmutigt wurde, können wir ihn nochmals ermutigen. Und wenn er sich darauf einlässt und etwas nicht klappt oder nicht so wie geplant, dann können wir versuchen, ihn zu inspirieren. Für Gerald Hüther ist das eine Kultur, in der wir uns nicht gegenseitig entgeistern, sondern uns gegenseitig begeistern: durch Einladung, Ermutigung und Inspiration.

Diverse moderne Moderationsformate, wie die von Lipmanowicz und McCandless zusammengetragenen Liberating Structures (2014). zu denen auch Open Space Technology zählt, haben genau dies zum Ziel: Mitarbeitende einladen, ermutigen und inspirieren, sich in Arbeitsgruppen und Teams bestimmte Wissensinhalte selbst zu erschließen, Entscheidungen selbst zu treffen und ins Gestalten zu kommen.

Einladungen können von allen ausgesprochen werden: von den Älteren an die Jüngeren und von den Jüngeren an die Älteren, von den Führungskräften an die Mitarbeitenden und von den Mitarbeitenden an die Führungskräfte – von jedem, der einladen, ermutigen und inspirieren möchte.

Prinzipien des Führens mit Einladungen

Die traditionelle Art der Führung – die Ausübung formaler Macht und Autorität – kann schon heute nicht mehr Schritt halten. Arbeitnehmer protestieren gegen zu hohen Druck und gegen den Befehlston der Führungskräfte. Wenn Mitarbeiter sich nicht gehört fühlen und nicht mitbestimmen dürfen, sinkt ihr Engagement und sie machen Dienst nach Vorschrift, weil sie innerlich schon längst gekündigt haben.

Ein Unternehmen braucht aber hochengagierte und selbstorganisierte Mitarbeiter, damit es die Marktveränderungen wahrnehmen und antizipieren kann. Die entscheidenden Möglichkeiten für neue Produkte, neue Kunden oder Kollaborationen ergeben sich heute kurzfristiger und sind schnelllebiger. Um diese rechtzeitig zu ergreifen, ist echte Agilität gefragt. Mitarbeiter, die sich selbst organisieren, Signale erkennen, agieren und sich engagieren, machen die Organisation reaktionsschnell. Marquet (2012) und Sinek (2017) schreiben, wie wichtig es ist, die Autorität dorthin zu geben, wo die Informationen sind, anstatt für Entscheidungen immer wieder die Informationen von unten nach oben zu ziehen. Übergeben Sie also die Autorität an die Talente, damit diese die Probleme selbstorganisiert lösen können. Einladungsbasiertes Führen, Inviting Leadership, beabsichtigt, die passenden Voraussetzungen für genau diese Form der Selbstorganisation zu erschaffen.

Nach Mezick und Sheffield (2019) stützt sich Inviting Leadership auf folgende fünf Grundsätze:

1. Feedback als Führungsgrundlage: Wer regelmäßig Feedback sammelt und darauf reagiert, führt effektiv. Die angenommene oder abgelehnte Einladung gibt ein Feedback darüber, ob die Ausrichtung verstanden und als sinnvoll erachtet wird und ob eine kontinuierliche Verbesserung an Produkt und Arbeitsweisen stattfindet.

2. Führungskräfte als Designer: Als Führungskraft sind Sie Designer, denn Sie gestalten und definieren klare Ziele, Regeln und Grenzen für die Mitarbeiter. Durch Sie und den von Ihnen gestalteten Rahmen erhalten die Mitarbeiter eine Rückmeldung zum Fortschritt und zum Erfolg.

3. Einladungen als Fragen: Jede Einladung ist eine Frage, die mit ja, nein oder vielleicht beantwortet werden kann. Somit löst jede Einladung beim Eingeladenen einen Entscheidungsvorgang aus. Diese Entscheidung kann nur getroffen werden, wenn die Optionen abgewogen werden, was wiederum stärkere Aufmerksamkeit und Engagement vom Mitarbeiter erfordert.

4. Engagement als Gewinn: Das Engagement der Mitarbeiter ist Ihr höchstes Gut. Die Konzentration auf die Art und Weise, wie Sie Ihre Mitarbeiter einbinden wollen, ist ein Fokus an der richtigen Stelle, weil es maßgeblich zu positiven Geschäftsergebnissen beiträgt.

5. Unternehmen als komplexe Systeme: Unternehmen sind komplexe adaptive Systeme, die dynamisch auf Veränderungen reagieren. Ständig werden Ergebnisse, Produkte, Dokumente und Dienstleistungen durch die Mitarbeiter verändert (Arbeit im System). Führungskräfte und Experten verändern Prozesse und Ausrichtungen (Arbeit am System). Die Reak-

tion des Systems auf verändernde Eingriffe am oder im System kann nicht vorhergesagt werden und basiert auf unzähligen Wechselwirkungen.

Ein guter Grund für das Führen mit Einladungen: echter Respekt

Der uneingeschränkte Respekt gegenüber den hierarchisch höhergestellten Führungskräften wird in vielen Unternehmen immer geringer. Wer es früher einmal nach oben geschafft hatte, wurde für sein Wissen, seine Leistung und vor allem wegen seines Status geachtet. Heute werden diejenigen als Führungskräfte anerkannt, die Orientierung geben können und denen die Mitarbeiter freiwillig folgen möchten. Eine Autorität im Sinne eines auf Tradition oder Ernennung beruhenden Einflusses empfinden viele eher als Bürde und nicht als Chance. Umgekehrt gehen aus Sicht der Führenden alle Führungspositionen mit Privilegien und Pflichten einher. Wenn die Sonderrechte einer Führungskraft auch zu Beginn reizvoll erscheinen, so werden die Pflichten für viele schnell zu einer schweren Last.

Stattdessen möchten viele Mitarbeiter und Führungskräfte einfach nur die entsprechenden Befugnisse übertragen bekommen, um eigenverantwortlich die anvertrauten Aufgaben bearbeiten zu können. Dabei möchten Mitarbeiter gerne gefragt werden, ob sie eine Aufgabe auch wirklich übernehmen wollen und können. Sie möchten ihren Stärken entsprechend eingesetzt werden und möchten keine Verantwortung ohne die entsprechenden Berechtigungen und Ermächtigungen übernehmen.

Es zeugt von einem gewissen Respekt, die Belastbarkeit der Mitarbeitenden anzuerkennen, statt sie durch kontinuierliches Delegieren weiterer Aufgaben zu überlasten. Ein erster Grund für die Führung durch Einladungen.

Formale und informale Befugnisse innerhalb der Organisationsstruktur

Wenn wir Mitarbeiter einladen, etwas zu tun, möchten diese immer auch die benötigten Befugnisse übertragen bekommen. Hierbei unterscheiden wir zwischen formalen und informalen Befugnissen. Führungskräften von Abteilungen, Teams und Projekten wird meistens aufgrund ihrer Positionierung im Organigramm eine gewisse Autorität zugeschrieben. Treffen wir auf noch unbekannte Kollegen, fragen wir meist als Erstes, wo der- oder diejenige „aufgehängt ist", weil wir mit der Aufhängung im Organigramm eine entsprechende Befugnis verbinden. Veränderungen in der Organisation werden durch ein neues Organigramm kommuniziert.

Eigentlich ist aber gar nicht das Organigramm entscheidend, sondern das Verteilungsschema der Befugnisse. In klassischen Organigrammen werden die formalen Befugnisse von den oberen Ebenen in Richtung der unteren Ebenen verwaltet. Linien-, Prozess- und Projektorganisationen arbeiten mit starren und fixierten Verteilungsschemata, die bis zur nächsten formalen Reorganisation bestehen bleiben. Die Rollen

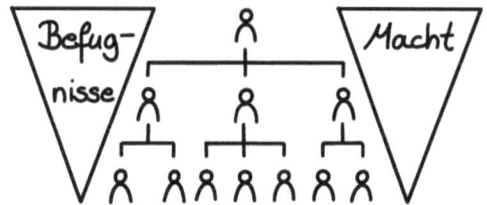

nahe der Spitze haben die meisten Befugnisse; diejenigen, die niemanden mehr unter sich haben, haben die geringsten Befugnisse.

Neben dem formalen Befugnis-Schema existiert ein informelles, meist nicht dokumentiertes Netz von sozialen Beziehungen, Freund- und Feindschaften, das die Entscheidungsfindung beeinflusst. Diese informellen Befugnisse sind hoch dynamisch und werden meistens als „Politik" bezeichnet.

Die informellen Befugnisse sind selbstorganisiert und werden einer Person durch andere oder durch sich selbst gegeben und entzogen: Mitarbeiter arbeiten zum Beispiel in einer zeitkritischen Situation direkt mit einem Lieferanten die Lösungen für ein Problem aus, anstatt prozesskonform das Management einzubeziehen. Sie klären die Fragen von Experten zu Experten „auf dem kleinen Dienstweg" in der Kantine oder auf dem Tennisplatz. Oder ein Mitarbeiter führt die Änderung für einen Kunden direkt aus, ohne die Änderung mit dem entsprechenden Formular offiziell bewilligen zu lassen. In einem anderen Fall wird ein kompetenter neuer Kollege zu einem Workshop eingeladen – und

nicht der zuständige Prozessverantwortliche. Um die Könner und Fachexperten mit entsprechender Reputation herum entsteht eine Wertschöpfungsstruktur.

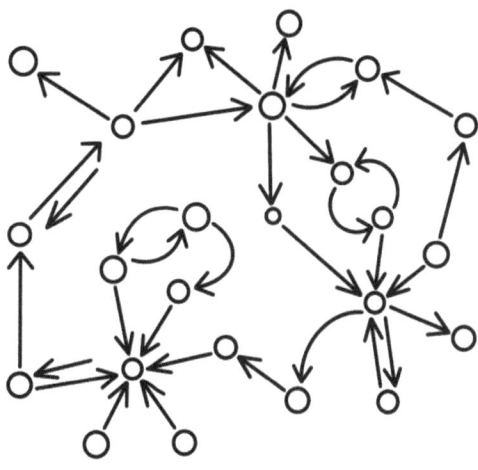

Menschen entwickeln schnell ein Gespür dafür, wer in einer bestimmten Situation gut führen, beraten und entscheiden kann. Bei diesen Personen fließt Kommunikation zusammen und sie wirken als Knotenpunkt im System. Indem die Mitarbeiter dieser Person Ansehen schenken, entsteht Gefolgschaft. Führung ist also das Ergebnis eines sozialen Prozesses und keine einseitig geschaffene, herstellbare Funktion. Wenn sich jemand unangemessen verhält, wird dieser Person die informell gegebene Befugnis wieder entzogen, die benötigt wird, um Entscheidungen für die Gruppe zu treffen.

Im schlimmsten Fall führt dies zu politischen Machtspielchen: Zum Beispiel wird jemand nicht mehr zu Meetings eingeladen, um diese Person von Entscheidungs- und Informationsprozessen auszuschließen.

Befugnisse und Verantwortung müssen in Balance sein. Wenn man sich selbst befugt oder ernennt, nach dem Motto „bitte lieber um Vergebung als um Erlaubnis", geht man das Risiko ein, Grenzen zu überschreiten. Insbesondere wenn einzelne Befugnisse von niemandem beansprucht werden und ein Vakuum entsteht, werden diese Grenzen gerne überschritten. Wenn etwa die Projektleiterin für längere Zeit krankgeschrieben wird, werden ihre Aufgaben von Mitarbeitern und anderen Führungskräften in

kürzester Zeit übernommen. Das Vakuum wird von unbefugten Personen gefüllt, was einerseits zu einem besseren Teamzusammenhalt, andererseits aber auch zu Streitereien und schlechter Teammoral führen könnte. Wenn die Projektleiterin zurückkehrt, könnte es ihr schwerfallen, ihre Aufgabenbereiche „zurückzuerobern".

Kommunikation über und innerhalb von Grenzen

Grenzen sind gedachte Trennlinien zwischen unterschiedlichen Gebieten, die verschiedene Eigentümer haben. Machtbereiche werden nach allen Seiten von Grenzen umgeben: Ein Machtbereich hat ein Innen und ein Außen, starke oder schwache Grenzen und bei sehr breiten Begrenzungslinien einen Übergangsbereich. Diese Grenzen sind leicht oder schwer zu überschreiten, ständig im Wandel oder schwer zu erkennen.

Wenn Sie Personen dazu einladen, bestimmte Aufgaben auszuführen, müssen Sie sich darüber im Klaren sein, welche Befugnisse die ausführenden Personen benötigen, das heißt: Welcher Machtbereich innerhalb welcher Grenzen ist dafür notwendig?

Niemand möchte die Verantwortung für eine Aufgabe ohne die entsprechenden Ermächtigungen übernehmen und dadurch handlungsunfähig, aber verantwortlich sein. Der Bereich, in dem gehandelt werden soll, muss identisch sein mit jenem Bereich, in dem man etwas beeinflussen kann. Wenn Führungskräfte die Grenzen für die Verantwortung und die Befugnisse gestalten, müssen sie sich über die Art und den Umfang der Grenzen im Klaren sein.

Aufgabengrenzen: Die Aufgaben müssen klar definiert sein und über solide „Definition of Done"-Messkriterien verfügen. Diese Messkriterien zeigen an, wann eine Aufgabe wirklich als komplett abgeschlossen gilt und wo die Nahtstellen sind. Diese Kriterien machen es dem Bearbeitenden leicht, Fortschritte abzuschätzen.

Zeitliche Grenzen: Aufgaben, Verantwortlichkeiten und Befugnisse können durch die Zeit begrenzt werden. Sie können zu bestimmten Zeiten beginnen und enden, zum Beispiel zu einer festgelegten Deadline.

Territoriale Grenzen: Meistens benötigt man, um eine Aufgabe auszuführen, Zugangsberechtigungen zu bestimmten Besprechungs- oder Arbeitsräumen und anderen physischen Dingen wie Werkzeugen, Laptops, Lizenzen und Zubehör. Welchen Bereich und welche Ressourcen man nutzen darf oder nicht, ist eine wichtige Begrenzung.

Budgetgrenzen: Es ist wichtig, klar und unmissverständlich auszudrücken, wer über welches Budget und über welche Vollmachten innerhalb welcher zeitlichen und situativen Grenzen entscheidet.

Grenzen im Sozialsystem: Zwischen Personengruppen werden soziale Grenzen gezogen, die definieren, wer Mitglied der Gruppe ist und wer nicht. Dies können zum Beispiel Freundeskreise oder fachliche Austauschgruppen sein.

In einer Einladung zur Mitarbeit werden die Grenzen so konzipiert, dass sie genügend Freiraum für Kreativität und Entscheidungsfindung bieten. Gleichzeitig sind sie so stark eingeschränkt, dass sie die Gesamtrichtung definieren und einen Fokus schaffen. Wenn es eine Einladung zum Lösen von Kunden- oder Marktproblemen ist, sollten die Grenzen genug Freiraum schaffen, um direkten Kontakt zum Markt und zum Kunden halten zu können. Das Team sollte möglichst autonom arbeiten dürfen. Völlige Autonomie gibt es jedoch nie – mindestens die Gesetze der Gesellschaft und der Natur sind gegebene Grenzen. Genau diese Limitierung verschafft dem Team einen Fokus und treibt das Team zu innovativen Lösungen.

Der Ansatz des Intent-based Leadership von Marquet (2012) schlägt an dieser Stelle vor, die Grenzen als eine Absichtserklärung zu formulieren. Wenn Sie in einer Einladung den Satzanfang „Ich beabsichtige, …" verwenden, verschiebt sich die Befugnis der Ausgestaltung von der Führungskraft zu den Mitarbeitern. Dadurch, dass ein Dialog über diese Absicht geführt wird, werden die Mitarbeiter stärker in die Zielfindung eingebunden und können ihr Wissen und ihre Meinung einbringen. Mit der Kommunikation einer Absicht zeigen Sie, dass Sie offen gegenüber unterschiedlichen Ansichten und Lösungsvorschlägen sind. Die Mitarbeiter können ebenso durch Mitteilung ihrer Absicht an die Führungskräfte und Kollegen eine Zusage erhalten, die Grenzen der Befugnis bestätigen lassen oder einen Dialog beginnen.

Wenn die Grenzen der Befugnisse zu eng sind, kann kein Selbstmanagement stattfinden. Wenn dieselben Grenzen zu locker sind, gibt es zu viel Freiheit und es besteht die Möglichkeit von Verwirrung oder gar Chaos. Die Befugnisgrenzen müssen passgenau ausgewählt werden, damit der perfekte Freiraum und die nötige Klarheit und Ruhe entstehen, um Entscheidungen treffen und kreativ sein zu können.

Jeder arbeitet jederzeit entweder innerhalb oder außerhalb der Grenzen eines Systems – je nach Blickwinkel. Ähnlich einer Körperzelle bilden sich auch in Sozialsystemen automatisch regulierende und führende Kräfte aus, die für das gesamte System Entscheidungen treffen.

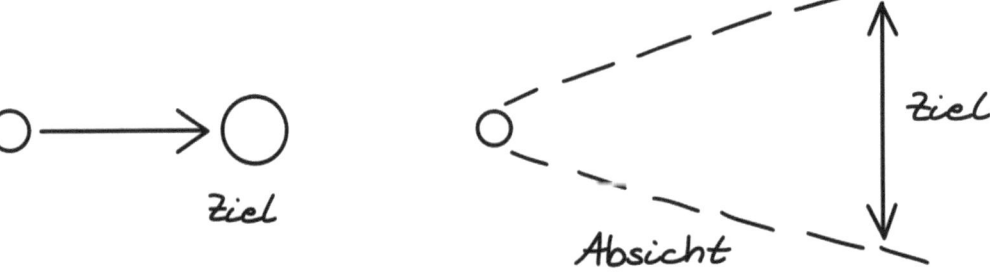

Auch bilden sich, wie in Körperzellen, „Rezeptoren" aus, die wichtige Signale innerhalb und außerhalb des Systems aufnehmen und weitergeben. Jedes System – ob Mensch, Team oder Organisation – ist sensibel für Signale, die entlang seiner Systemgrenzen auftreten. Alles, was den Fluss und die Verarbeitung von Signalen behindert, kann die allgemeine Gesundheit und Funktionsfähigkeit des lebenden Systems beeinträchtigen – Menschen, Maschinen, Software und anderes, das als Rezeptor dient, können Signale stören.

Die Signale, die der Leiter des Systems bzw. der Kern der Zelle an andere Mitglieder innerhalb der Gruppe sendet, sind die wichtigsten Signale im gesamten System – es sind Einladungen zur Aktivität. Wenn Sie als Führungskraft gut darin sind, hervorragende Signale zu versenden, können diejenigen, die auf Ihre Signale hören, schnell so darauf reagieren, wie Sie es beabsichtigt haben. Wenn Sie schlechte Signale versenden, können Sie davon ausgehen, dass Sie keine klare Antwort erhalten werden, weil die Empfänger noch versuchen, Ihre Signale zu entschlüsseln. Der beiläufige Kommentar „Da müssten wir mal was machen" sorgt höchstwahrscheinlich nicht für die gewünschte Leistung der Mitarbeiter.

Adaptive Unternehmen sind sehr empfindlich gegenüber Signalen aus der Umwelt und von externen Quellen und können diese schnell verarbeiten und darauf reagieren. Weniger anpassungsfähige Unternehmen sind nicht empfindlich gegenüber diesen Signalen. Unternehmen, die kaum Signale aufnehmen bzw. verarbeiten und nicht darauf reagieren, sterben genauso aus wie alte Körperzellen. Ein System lebt nur aufgrund seiner guten Kommunikation und seiner bestehenden Grenzen.

Das zeigte sich 2020 während der COVID-19-Pandemie: Während im Februar die ersten

Unternehmen die warnenden Signale wahrnahmen, ihre IT-Systeme aufrüsteten und Homeoffice-Probeläufe durchführten, verbaten andere Unternehmen noch im April ihren Mitarbeitern, im Homeoffice zu arbeiten. Während im März einige Unternehmen ihre Produktion auf Desinfektionsmittel und Schutzausrüstung umstellten, meldeten andere Insolvenz an. Während die einen mit innovativen Ideen den Bundeswettbewerb WirVsVirus gewannen, waren die anderen überrascht, dass auch nach der ersten Welle die Kunden nicht zurückkamen. Unternehmen, die ihre Mitarbeiter zur Mithilfe einladen, nutzen ihr gesamtes Potenzial, um die vier Prinzipien von Effectuation nach Saras Sarasvathy umzusetzen:

1. Wir prüfen, was mit den Mitteln, die zur Verfügung stehen, möglich ist, statt uns zu sehr auf frühere Ziele zu versteifen.
2. Erträge sind ungewiss, deshalb setzten wir das ein, was wir zu verlieren bereit sind.
3. Jede Überraschung und jedes ungeplante Ereignis versuchen wir, uns zunutze zu machen.
4. Wir gehen Partnerschaften mit denen ein, die sich selbst selektieren und sich an unsicheren Vorhaben beteiligen wollen.

Je nachdem, wie gut und wie viele Signale von der Führungskraft bzw. vom Kern des Systems versendet werden, erhöhen oder verringern sich die Effektivität und die Effizienz des Systems. Wenn Sie möchten, dass das System nicht zum Stillstand kommt, müssen Sie als Führungskraft

so schnell und eindeutig Signale senden, dass diese verarbeitet werden können. Wenn sich die Signale gegenseitig ausschließen, ist ein Stillstand garantiert.

Um Signale schnell verarbeiten zu können, benötigt das System zusätzlich vereinbarte gemeinsame Protokolle. Ähnlich wie beim Morse-Code oder einer Programmiersprache ist es wesentlich, dass im sozialen Protokoll die Art und Weise festgehalten wird, wie Signale gesendet und empfangen werden, wie sie kodiert und dekodiert werden. Soziale Protokolle sind strukturierte Interaktionen zwischen zwei oder mehr Personen, die von den Rollen der Personen abhängen. Das Scrum-Framework empfahl in den Versionen des Scrum Guide vor 2020 beispielsweise ein Protokoll im Daily Scrum. Die Teilnehmer sollten drei spezifische strukturierte Fragen beantworten:

- Was habe ich gestern zum Sprint-Ziel beigetragen?
- Was trage ich heute zum Sprint-Ziel bei?
- Was hindert mich daran, das Sprint-Ziel zu erreichen?

Während des Daily Scrum gibt es keine Diskussionen über andere Themen. Die Protokollstruktur bietet einen bekannten Rahmen, der von allen verstanden wird. Das erhöht das Gefühl von Sicherheit und schafft das Potenzial für gute Zusammenarbeit und Lernen im Team. Die Kultur jeder Gruppe, Organisation, Gemeinschaft oder jedes Netzwerks scheint aus vielen unsichtbaren Protokollen zu bestehen. Wenn man den Protokollen explizite Aufmerksamkeit schenkt, bemerkt man sie überall: Jedes Projektteam hat Protokolle dafür, wie es sich morgens begrüßt, wie das wöchentliche Abstimmungsmeeting abläuft, wie im Meilenstein-Meeting Entscheidungen getroffen werden, wie Arbeitsstunden auf Teilprojekte verbucht werden, und vieles mehr. Wenn wir nach den Regeln der Gewaltfreien Kommunikation oder den Core Protocols kommunizieren, verständigen wir uns auf ein soziales Protokoll. Wir reduzieren routinemäßig das Risiko sozialer Missverständnisse durch einfache und allgemein akzeptierte Protokolle. Sie sind für ein reibungsloses soziales Funktionieren unerlässlich.

Einladend führen statt streng befehlen

Jedes Signal innerhalb des Systems soll im Idealfall zum Denken und Handeln anregen. Ein typisches Signal ist das Delegieren von Aufgaben an Mitarbeiterinnen und Mitarbeiter. Die Delegation ist die formelle Übertragung von Verantwortung und Befugnissen an jemanden in einer hierarchisch niedrigeren Rolle. Natürlich erwartet der Delegierende in dieser Konstellation, dass der Empfänger den Auftrag annimmt. Es gibt auch selten eine Möglichkeit, den Auftrag abzulehnen: Der Empfänger steht meistens unter dem Zwang, die Delegation anzunehmen, weil sie als Befehl verstanden wird. Delegationen sorgen häufig für Überlastung,

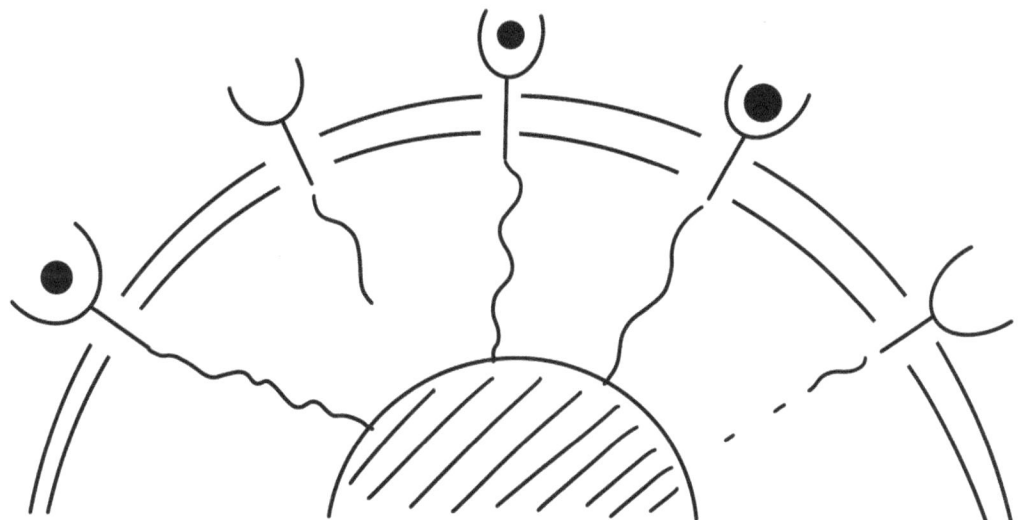

weil die Mitarbeiter mehr Aufträge erhalten als sie bewältigen können. Manche Mitarbeiter wiederum kommen mit ihrer Arbeit nicht voran, weil sie Aufträge erhalten, die sich gegenseitig ausschließen oder widersprechen.

Die Delegation von Aufgaben besteht aus zwei Teilen:
1. aus der Verantwortung, den Auftrag umzusetzen und
2. aus der Befugnis, auf die wesentlichen unterstützenden Ressourcen zuzugreifen.

Dabei sollten verschiedene Delegationsgrade betrachtet werden: Während die Mitarbeiter bei einem schwachen Delegationsgrad lediglich über eine Entscheidung in Kenntnis gesetzt werden, können sie bei mittleren Graden ihre Meinung einbringen und unterstützen. Bei hohen Delegationsgraden wird den Mitarbeitern umfangreiche Verantwortung übertragen und neben dem Zugriff auf Ressourcen auch die Entscheidungshoheit zugeteilt. Diese Ressourcen sind für den Erfolg essenziell: Sie können den Zugriff auf ein Budget, einen physischen Raum, die Hilfe durch ein größeres Unterstützungsteam usw. umfassen.

Eine gut formulierte Delegation bietet dem Empfänger außerdem einen Vorteil bzw. einen Gewinn, wenn er die Aufgabe übernimmt. Eine schlechte Delegation überträgt nur die Verantwortung, aber keine Befugnisse und führt beim Empfänger zur Handlungsunfähigkeit. Der Mitarbeiter oder die Mitarbeiterin wird sich nicht engagieren können, im besten Fall wird er oder sie auf die fehlenden Befugnisse hinweisen, wird vielleicht sogar über den Vorgang lästern und muss schlechte Ergebnisse, Fehler und Ärger mit dem Delegierenden in Kauf nehmen.

Die vier Kriterien einer guten Einladung
Bei einer Einladung gibt es – im Gegenteil zur Delegation – keinen Zwang. Der Empfänger entscheidet selbst, ob er die Einladung annimmt oder ablehnt, und er kann sich aus jeder Situation einer „Verantwortung ohne Befugnis" zurückziehen. Bei einer Delegation kann das der Empfänger nicht.

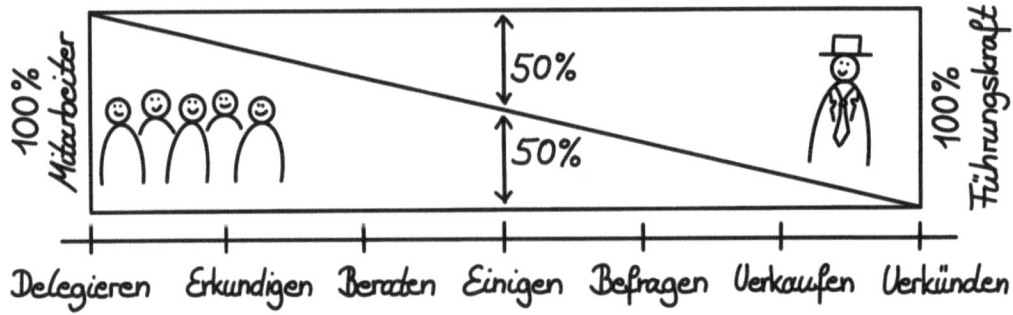

Wir kennen echte Einladungen eher aus dem privaten Bereich als aus dem Arbeitsumfeld. Privat werden wir als Gast zu einer Feier eingeladen, zum Restaurantbesuch oder ins Kino. Von Vereinen und Kundenbefragungen werden wir zur kostenlosen Teilnahme an Veranstaltungen, Umfragen, Verlosungen etc. eingeladen. Im beruflichen Kontext erhalten wir Einladungen häufig nur zu einem Meeting – allerdings können wir uns dabei oft nicht sicher sein, ob es wirklich eine Einladung oder nicht doch eine Vorladung ist, zu der wir „höflichst erscheinen" müssen. Eine echte Einladung beinhaltet keine Sanktionen oder andere implizite oder explizite negative Folgen.

Eine echte Einladung testet die Bereitschaft des Empfängers, irgendetwas zu tun. Über den Weg der Einladung erhält der Sender ein Feedback und dadurch Transparenz über das Engagement und die Offenheit der Mitarbeitenden bezüglich der Aufgabe. Dafür muss die Einladung die gleichen vier Kriterien erfüllen, die auch gute Spiele erfüllen, damit diese den Mitspielern zusagen (McGonigal 2011).

Sie bietet
1. ein sehr klares Ziel,
2. verständliche Regeln und Bedingungen,
3. eine Möglichkeit, den Fortschritt zu verfolgen und
4. die freiwillige Teilnahme.

Die Freiwilligkeit der Teilnahme ist bei einem guten Spiel unerlässlich. Werde ich zum Spielen gezwungen, macht das Spiel weniger Spaß. Alle potenziellen Spieler sind eingeladen und nicht zur Teilnahme verpflichtet. Diese Verbindung zwischen Spiel und Einladung ist grundlegend: Wir können mit diesen vier Kriterien Einladungen so strukturieren, dass sie für den Empfänger einfacher zu verstehen und leichter anzunehmen sind. Sicherlich können Sie nicht zu allen Meetings oder Arbeitsaufträgen einladen. Wenn es um rechtliche Vorgaben, Kriseninterventionen oder andere kritische Situationen geht, hat der Arbeitnehmer keine Wahl. Hierzu wurde jeder Arbeitnehmer bereits einmal eingeladen – mit seinem Arbeitsvertrag – und mit der Unterschrift hat jeder Arbeitnehmer diesen Spielregeln im Unternehmen zugestimmt. Wichtig: Nicht alle Spielregeln im Unternehmensspiel sind heute noch angemessen oder hilfreich.

Weitreichende Auswirkungen von guten Einladungen

Eine Einladung sagt weit mehr über den Sender und den Empfänger aus, als man vielleicht denkt. Eine einmal ausgesprochene Einladung kann weitreichende Auswirkungen haben.

Vorab macht sich der Sender Gedanken über die Formulierung der Einladung. Die Einladung soll die vier Kriterien – Ziel, Regeln, Fortschritt und Freiwilligkeit – erfüllen, und die Grenzen der Befugnisse klar beschreiben. Der Sender muss sich entscheiden, ob er die Einladung als Brief, als E-Mail, im persönlichen oder telefonischen Gespräch, als Video, Plakat oder auf ganz andere Weise zustellt.

In einem traditionellen, hierarchischen Unternehmen werden Einladungen von Führungskräften schnell als Delegation verstanden, weil die formale Macht der Freiwilligkeit im Wege steht. Durch alternative Einladungsformate wie Klappkarten oder Poster statt einer Termineinladung via Mail können Sie die Freiwilligkeit zusätzlich zum Ausdruck bringen. Eine gute Einladung zu formulieren, ist nicht trivial und kostet oft viel Zeit. Sich mit der Wortwahl besonders viel Mühe zu machen und hervorragende Leitplanken zu formulieren, die Selbstorganisation ermöglichen, zahlt sich aus.

Wenn eine Führungskraft eine Einladung ausspricht, löst das bei den Empfängern und Empfängerinnen einen Entscheidungsprozess aus, denn ein Stück der Kontrolle über den weiteren Verlauf geht auf die eingeladene Person über. Dadurch entsteht eine stärkere innere Beteiligung, weil der Empfänger seine Aufmerksamkeit darauf lenken muss, sofern er die Einladung angemessen in Erwägung ziehen möchte. Er oder sie denkt darüber nach, beurteilt, überprüft Zeitpläne, Fähigkeiten, Kapazitäten und

Interesse am Thema. Vielleicht spricht er oder sie mit anderen über die Einladung, vielleicht sprechen sie sich gemeinsam ab, ob sie die Einladung annehmen.

Der Sender darf nun nicht zur Antwort drängen oder eine Erklärung einfordern, wenn der Empfänger die Einladung ablehnt. Letzteres würde eine Rechtfertigung und gegebenenfalls Zugzwang verursachen, die Einladung nun doch anzunehmen. Wir wissen nicht, warum ein Empfänger eine Einladung ablehnt, daher können wir einer Absage nicht zu viel Bedeutung beimessen. Es kann sehr viele Gründe für die Ablehnung geben, zum Beispiel Überlastung. Der Absender ist dafür verantwortlich, die Einladung klar zu formulieren und darauf zu warten, dass der Empfänger antwortet. Für die Antwort stehen dem Empfänger vier Möglichkeiten zur Verfügung:

1. ein aktives JA
2. ein aktives NEIN
3. ein passives NEIN
4. ein VIELLEICHT

Bei einem aktiven NEIN lehnt der Empfänger die Einladung schriftlich oder mündlich ab. Bei einem passiven NEIN gibt der Empfänger keine Rückmeldung und lässt die Einladung verfallen. Jene Personen, die aktiv zusagen, werden wahrscheinlich diejenigen sein, die der Aufgabe gegenüber leidenschaftlich und verantwortungsbewusst eingestellt sind und Zeit für die Umsetzung haben. Das sind die Menschen, die sich authentisch dafür einsetzen, Ihre Initiative zu unterstützen und in die Tat umzusetzen. Hier liegt der Hauptunterschied zwischen Delegation und Einladung: Mit einer Einladung besteht eine weitaus größere Wahrscheinlichkeit, dass Sie genau diese leidenschaftlichen und verantwortungsbewussten Personen finden, die nicht trotz Zeitmangels erneut eingeplant werden. Versenden Sie Einladungen aus der Überzeugung heraus, dass die besten Mitarbeiter für ein Vorhaben jene sind, die eine Einladung zur Mitgestaltung oder Mitarbeit aus freien Stücken entweder annehmen oder ablehnen.

Eine aufrichtige Einladung ist keine Manipulation

Unterscheiden Sie aber unbedingt aufrichtige Einladungen von clevererer Manipulation. Wenn in einer Einladung eine subtile Erpressung mitschwingt, geht das meistens nach hinten los. Damit werden Sie keine langanhaltenden Ergebnisse und Unterstützung erreichen. Beobachten Sie sich daher selbst, wenn Sie eine Einladung verfassen: Wollen Sie die Mitarbeiter zu etwas zwingen, oder können Sie auch damit umgehen, wenn Mitarbeiter Ihre Einladung ablehnen? Denken Sie daran: Die meisten Mitarbeiter bemerken es sofort, wenn eine Einladung nicht aufrichtig ist.

Entscheidend ist, dass Kommunikation und Handeln der Führungskräfte kongruent sind. Andernfalls geraten die Mitarbeiter in eine sogenannte Double-Bind-Situation, in der widersprüchliche Aufforderungen sie in eine Zwickmühle bringen. Dabei müssen nicht beide

Aufträge offen kommuniziert worden sein (Ruesch et al. 2012).

Ein Beispiel: Die Führungskraft sagt, die Teilnahme am neu einberufenen Meeting sei vollkommen freiwillig (Botschaft 1). Gleichzeitig weisen aber Formulierung, Gestik, Mimik und Tonfall darauf hin, dass ein unentschuldigtes Fernbleiben sanktioniert wird (Botschaft 2). Andere Double-Bind-Situationen wären es, wenn eine Führungskraft sagt: „Ihr müsst zu diesem Meeting nicht kommen, aber besorgt euch bitte die Informationen über alles, was besprochen wurde." Oder: „Wir müssen nicht viel Arbeit in dieses Thema stecken, aber ich will, dass es absolut perfekt wird!"

Double-Bind-Situationen entstehen auch, wenn zwar die Verantwortung für eine bestimmte Aufgabe übertragen wird, nicht aber die notwendigen Befugnisse für deren Erfüllung. Solche Aussagen geschehen meistens sogar unbewusst, sie sorgen aber dafür, dass die Mitarbeiter auf gar keinen Fall die Aufforderungen erfüllen können, weil sie sich widersprechen. Schwierigkeiten dieser Art sollten alle Beteiligten offen und direkt ansprechen können. Unglaubwürdige Parolen, abgehobener Optimismus sowie Experimente, die nicht au-

Sender   Empfänger

thentisch zur Führungsperson passen, verunsichern die Mitarbeiter eher. Auch sollten Sie Mitarbeitende, die eine Einladung abgelehnt haben, nicht in Bedrängnis bringen, weil Sie vehement nach den Gründen für die Ablehnung fragen. Sie er-reichen nur Ausreden und Intransparenz. Fragen Sie lieber: „Welche Einladung würden Sie gerne einmal erhalten?" „Wofür würdest du deine Prioritäten ändern?" „Was müsste passieren, damit du eine Einladung nicht ausssschlagen könntest?" Und das nicht annähernd so wie im Film „Der Pate".

Nach Geyer und Kohlhofer (2008) beobachten Mitarbeiter intensiv, wie ihre Vorgesetzten kommunizieren. Ein ehrlicher Umgang mit Emotionen, eigenen Bedenken und Grenzen verleiht den Führungskräften größere Glaubwürdigkeit und stärkt das Vertrauen. Nach Schiewek (2016) geht es darum, die eigene „moralische Sensibilität und ethische Reflexivität" zu bewahren und auszudrücken.

Psychologische Sicherheit und Respekt

Eine Einladung respektiert grundsätzlich die zwischenmenschlichen Grenzen des Empfängers und sorgt für psychologische Sicherheit. Nach der Aristotle-Studie von Google sind genau dies die Faktoren für gute, effektive Teamarbeit. Dies ist eine der größten Stärken von Inviting Leadership, da der Empfänger für das verantwortlich ist, was als Nächstes passiert: Anstatt die Einhaltung zu erzwingen, d. h. Zwang oder Überzeugung anzuwenden, um eine Einigung zu erzielen, macht eine Einladung

ein offenes Angebot – und wartet dann auf eine Antwort.

Hervorragende Geschäftsergebnisse entstehen durch die Fähigkeit des Unternehmens, Veränderungen zu erkennen und darauf zu reagieren. Damit dies geschehen kann, müssen die Menschen in der Organisation ständig lernen. Angst reduziert die Lernfähigkeit, deshalb ist es wichtig, die Angst zu minimieren und für psychologische Sicherheit zu sorgen. Die Menschen müssen sich sicher genug fühlen, um keine Angst vor dem Chef und seinen Sanktionen zu haben. Diese Sicherheit kommt von jenen Führungskräften, die konsequent Respekt und Vertrauen signalisieren.

Viele Unternehmen, die sich vor einem Wandel befinden, fangen sofort mit der Veränderung an, sobald sie beschlossen ist. Für die Mitarbeitenden kommt dieser Aufruf meist unerwartet. Häufig sind die Mitarbeiter nicht zur sofortigen Umsetzung bereit, machen nur widerwillig mit oder boykottieren die Interventionen. Die Mitarbeiter erleben ohne Wahlfreiheit weder Auto-

nomie noch Selbstkontrolle noch einen Entfaltungsraum. Hierfür benötigen die Mitarbeiter die folgenden 3 B's:

- **Bewusstsein** über die Dringlichkeit und Wichtigkeit durch transparente Kommunikation
- **Befähigung** durch erforderliches Wissen und benötigte Fähigkeiten
- **Befugnisse**, um in ihren Machtgrenzen Entscheidungen zu treffen und Prioritäten zu setzen.

Bei den Befugnissen ist es wichtig, dass die Mitarbeiter sich erlauben können, Prioritäten zu setzen. Auch, wenn die Wirtschaft nach „höher, schneller, weiter" verlangt: Der Mensch ist endlich. Wir können nicht allem gerecht werden. Etwas muss zurückbleiben. Das ist keine Schwäche, sondern der Grund für unsere Kraft. Die Kraft in einem lebenden System kommt

aus der Begrenzung des Systems. Jedes lebende System hat Grenzen, damit es sich innerhalb dieser Grenzen im Sinne des Ziels ausrichten kann. Sonst diffundiert die Kraft des Systems ins Weltall. Begrenzung ist die Voraussetzung für Leben. Selbst unsere Lebenszeit ist begrenzt und wir können nicht alles innerhalb unseres Lebens umsetzen, was wir uns vorstellen können. Wir müssen also Prioritäten setzen und uns auf das Wertvolle fokussieren. Das bündelt unsere Lebenskraft.

Mit einer Einladung respektieren wir die sonst in unserer Gesellschaft so außerordentlich tabuisierte Endlichkeit. Eine Absage der Einladung erkennen wir an und würdigen sie, weil sie die menschlichen Grenzen transparent zeigt. In vielen Unternehmen wird Aussagen wie „Es geht nicht" mit „Mach es trotzdem" oder mit mehr Geld, mehr Zeit und mehr Ressourcen begegnet. Diese Grenzen werden immer wieder diskutiert und angepasst. Kein Zeit- oder Geldrahmen wird einfach so hingenommen, wenn es eng wird. Unsere Kultur ist so aufgebaut, dass der, der häufiger „Nein" sagt, oft als schwach, egoistisch oder faul wahrgenommen wird. In Wirklichkeit sind wir jedoch sehr weise, wenn wir uns nicht in Diskussionen verwickeln lassen: Denn nach wie vor können neun Frauen nicht gemeinsam in einem Monat ein Kind gebären.

Was passieren kann, wenn wir unsere menschlichen Begrenzungen nicht respektieren, sehen wir an der steigenden Anzahl an Burnout-Patienten. Diese Statistik spiegelt

Eine gute Einladung ist immer auch eine Einladung dazu, sich die Befugnis zu geben, selbst zu priorisieren. Diese Befugnis wird nach dem Pull-Prinzip selbst gezogen und nicht nach dem Push-Prinzip aufgezwungen. Wenn jemand die Befugnisse nicht ziehen mag, wird derjenige die Einladung nicht ziehen – und auch das ist eine oft schmerzliche Transparenz über die Situation.

Wer mit den Worten „Dafür habe ich keine Zeit" die Einladung ablehnt, drückt damit aus, dass er oder sie nicht neu priorisieren kann oder will. Dies ist keine persönliche, sondern eine strukturelle Herausforderung der Organisation, die sichtbar wird. Die Ablehnung kann neben den schon dargestellten Gründen bedeuten, dass Sie Organisationsstrukturen verändern müssen: Ohne die aktuelle Auslastungsrate, individuelle Boni, Investitionsplanungsprozesse, Kostenstellen, Zielvereinbarungen oder Stellenbeschreibungen und so weiter hätten die Mitarbeitenden vielleicht teilgenommen.

Inviting Leadership ist damit mehr als nur ein Führungsstil. Sie werden sofort zum Organisationsdesigner und beginnen, passende Strukturen zu schaffen.

einen aussichtslosen Kampf in unserer gesamten Gesellschaft wider. Die eine Seite im System sagt schon lange: „Es macht so keinen Sinn mehr, es geht nicht. Ich brauche etwas anderes, was mich wieder mit Sinn erfüllt." Die andere Seite hat darauf nur eine Antwort: „Du musst, du musst, du musst!" Und in diesem gnadenlosen Wettstreit zermürbt sich dann jemand – oder auch eine ganze Organisation.

Nächste Schritte

Wirkliche, ehrliche Einladungen auszusprechen, ist in den meisten Organisationen ungewohnt. Parallel zu den erwähnten Aktivitäten können Sie damit beginnen, über das Thema „Freiwilligkeit in der Führung" nachzudenken. Was macht das mit Ihnen, was macht es mit Ihren Mitarbeitern? Sprechen Sie echte Einladungen aus und lernen Sie anhand der entstandenen Transparenz – wer kommt, wer kommt nicht? Wer macht mit, wer nicht? Diese Information zeigt Ihnen, wie Sie Ihre Einladungen und die dahinterliegenden Aktivitäten, zu denen Sie einladen, verbessern können, um mehr Menschen damit zu erreichen. Für solche kleinen Veränderungen im Tagesgeschäft müssen Sie oft niemanden fragen und Sie benötigen selten die Erlaubnis Ihrer Vorgesetzten. Dennoch haben die kleinen Veränderungen einen großen Einfluss auf die Kultur in Ihrer Organisation.

Dabei können Sie ohne weiteres alternative Einladungsformen verwenden wie Einladungskarten, Poster, Video-Botschaften oder Briefe. Sie können Zeitungsannoncen oder Social Media Postings für Ihre Einladung verwenden, wenn Sie die Öffentlichkeit ebenfalls zum Mitmachen einladen möchten.

Achten Sie jedoch immer darauf, dass Ihre Einladung die vier Elemente einer echten Einladung enthält – ein Ziel, Regeln, eine Möglichkeit, den Fortschritt zu erkennen und das Wichtigste: Freiwilligkeit.

Hierzu könnten Sie einladen:

- Schulungen, Trainings und Workshops
- Gemeinsame Freizeitaktivitäten (Bowling, Kino, Klettern etc.)
- Einzelne Meetings oder das Routine-Meeting
- Alle Meetings im Unternehmen
- Alle Mitarbeiter im Unternehmen zu einer großen Unternehmenskonferenz einladen (z. B. Open Space Technologie)
- Lessons Learned/Retrospektive
- Projektmanagement-Planspiel
- Dazu einladen, auf einen Pool von Personen zuzugreifen, die man als Moderatoren für Meetings buchen kann
- Zum Mitmachen im nächsten Projekt
- Sonderaufgaben freiwillig übernehmen (z. B. Organisation der nächsten Firmenfeier)
- Alle offenen Arbeitsaufträge transparent machen und zum Übernehmen eines Arbeitsauftrags einladen
- Zum Lesen empfohlener Bücher einladen (Bücherregal zur Verfügung stellen)
- Die Mitarbeiter zum Coaching durch zertifizierte Coaches einladen
- Zu Austauschformaten mit hoher Selbstorganisation einladen (z. B. Lean Coffee oder Open Space)
- Zu Experimenten im Unternehmen einladen (z. B. Ausprobieren neuester Technologien oder Arbeitsweisen)

Die letzte Idee in der Liste leitet bereits zum nächsten Thema über: die Einladung zu Experimenten. Diesem Thema wird im Buch LEAD das gesamte Kapitel 8 gewidmet. Mit Einladungen zu Experimenten können Sie herausfinden, welche neuen Technologien, Unternehmensstrukturen und Arbeitsweisen Ihrem Unternehmen einen Mehrwert bieten. Experimentieren Sie mit dem ersten Inkrement einer neuen Produktidee, schaffen Sie die Auslastungsmessung in einem Team ab oder arbeiten Sie teamübergreifend mit einem Taskboard mit WIP-Limits – mit diesen und viel mehr Ansätzen können Sie experimentieren. Besonders die scheiternden Experimente können dazu beitragen, dass Ihr Unternehmen dazulernt und sich die Unternehmenskultur nachhaltig verändert. Sie lernen quasi die Konkurrenz an die Wand. Wenn Sie experimentieren und einfach mal etwas ausprobieren, können Sie schlechte Entscheidungen schneller treffen als die Konkurrenz, dadurch schneller lernen und richtige Entscheidungen für einen Kurswechsel treffen.

Viele dieser Vorschläge sind kleine Veränderungen, die Sie jederzeit umsetzen können und die eine Kultur stetig in die Richtung einer attraktiven, lernenden Organisation bewegen. Viele Einladungen wie jene zu Coaching-Peergroups, Vorträgen und Trainings sind systembildende Maßnahmen. Zu diesen können Sie häufig ohne große Absprachen und Freigaben einladen. Sobald die Themen nah am Kunden und direkt im Wertstrom stattfinden, werden die notwendigen Freigabeprozesse und die benötigten Befugnisse für eine Einladung umfangreicher.

Der geschützte Rahmen und das „Was & Wofür"

Menschen wollen sich verändern, sie wollen aber nicht von außen verändert werden. Genauso sträuben sich Organisationen gegen Veränderungen und bauen ein eigenes Immunsystem auf. Alle Systeme stabilisieren sich selbst und versuchen, sich gegen Überraschungen von außen durch Abwehrmechanismen zu wappnen.

Bei einer komplexen Veränderungsmaßnahme in einer Organisation sind die Abwehrmechanismen dann besonders hoch, wenn sie von oben befohlen, ausgerollt und mit Macht durchgesetzt werden. Komplexe Veränderungsmaßnahmen beziehen sich auf komplexe Probleme und Lösungsvorhaben. Sie sind unberechenbar, dynamisch, voller Überraschungen, ohne kausale Zusammenhänge und richten sich an lebende Systeme wie Menschen, Forschungsprojekte und sehr wechselhafte Marktumgebungen. Im Gegensatz dazu sind komplizierte Probleme und Vorhaben durch Lernen und Aneignen von Wissen beherrschbar, sie sind stabil und folgen physikalischen Gesetzen und Kausalitäten. Sie richten sich an tote Systeme wie Maschinen und wiederkehrende Prozesse im Arbeitsalltag.

Komplexe Probleme und Lösungsvorhaben sind nicht durch einfache Methoden, Regeln und nachschlagbares Wissen lösbar. Hier braucht es echte Könner und Talente, die zusammen die richtigen Ideen haben, um das Problem zu lösen. Sobald das zu lösende Problem klar beschrieben wurde, können eine neue Arbeitsweise oder veränderte Rahmenbedingungen bestimmt werden. Wenn ein Talent eine Lösungsidee hat, ihm die Umsetzung zugetraut wird und es die Einladung zur Leitung des Experiments annimmt, dann kann ein Manager den passenden Schutzraum dafür stiften.

Im Idealfall genießt das Talent eine gewisse Reputation zur Lösung dieser Art von Problemen und kann sich sein eigenes Team aus den Personen zusammenstellen, die es dafür als passend empfindet. Diese Personen sollten immer freiwillig, das heißt durch das Annehmen einer Einladung, am Experiment teilnehmen.

Mit einem passenden Schutzraum haben für das Team einige der bisherigen Selbstverständlichkeiten, wie einzelne Regeln und Entscheidungsbefugnisse, keine Gültigkeit mehr und werden ausgesetzt. Durch diesen Schutzraum wird eine andere Arbeitsweise legitimiert.

Krisen- und Ausnahmesituationen können eine außergewöhnliche Art der Zusammenarbeit bewirken: Von einem Moment auf den anderen war während der Pandemie Homeoffice möglich, Teams konnten selbstorganisierter arbeiten und innovative neue Produkte wurden in kürzester Zeit zur Marktreife gebracht. Die Teams arbeiteten schlanker zusammen und trafen mehr Entscheidungen ohne Chef. COVID-19 setzte einige Dinge außer Kraft, die sonst normal waren. Die Krisensituation selbst war der Schutzraum.

Einen solchen Schutzraum oder Schutzschirm gestaltet ein Sponsor, auch Schutzraumstifter genannt, mit ausreichend formaler Macht in künstlicher Form für das Experimentierteam. Beim

Wort „Sponsor" denken viele direkt an einen „Geldgeber" – hier geht es aber vor allem darum, einen Schutzraum zu stiften und einem Team einen angemessenen Machtbereich zuzugestehen. Vor allem Innovationen, die eingespielte Abläufe, Kommunikationswege und Machtgefüge stören, lösen Widerstand aus. Hier sind Schutzraumstifter und alle umgebenen Führungskräfte notwendig, um Innovationen durchzusetzen.

Experimente auf Tauchstation

Der wichtigste Ratschlag für Innovatoren von Gunter Dück lautet (2020): „Work underground as long as you can." Das stimmt mit der Meinung von Wohland (2012) überein, der dies Höchstleistungsinseln nennt: Wenn Sie keinen Sponsor mit einem guten Schutzschild finden, dann sollten Sie die ersten Schritte im Verborgenen setzen – möglichst ohne Geld. Und wenn es der Erste sieht, muss es schon „schön aussehen". Gunther Dück ergänzt, dass Sie ein solches U-Boot-Thema immer mal wieder mit „Man müsste mal …" in der Organisation „als wilde These" publik machen sollten. Dann lachen alle und sagen: „Ja, ja, rede du nur!" Währenddessen setzen Sie Ihr Ding im Untergrund um, umgehen bestehende Regeln und machen Erfahrungen. Irgendwann sagen Sie dann, dass schon ein paar Teams so arbeiten und diese Innovation bereits umsetzen. Wenn das Management dann sagt „Ja aber du kannst doch nicht einfach …", dann sagen Sie: „Ich rede doch seit drei Jahren von nichts anderem!" In großen Unternehmen oder Konzernen gibt es mehr solcher Höchstleistungsinseln und U-Boot-Projekte, als Sie vielleicht denken.

Ein größeres Experiment sollte immer unter Realbedingungen, mit direktem Kontakt zu Kunden und mit einem stabilen Team durchgeführt werden. Dabei ist jedem klar, dass dieses Team über Erfolge und Misserfolge berichten wird, Beobachter willkommen heißt und zur Nachahmung animiert. Die echten Könner und Talente haben sich schon immer Mittel und Wege gesucht, um gewisse Experimente verdeckt durchzuführen. Dafür haben Sie Ärger und Reibung in Kauf genommen. Nun bekommen die Besten einen offiziellen Schutzraum, einen lokalen Ausnahmezustand, für den der Alltag zu einem gewissen Grad ausgesetzt wird.

Führungskräfte, Berater und Coaches unterstützen bei der Auswahl, Durchführung und Bewertung, ohne jedoch initiativ in den Prozess einzugreifen. Sie stehen beobachtend an der Seitenlinie und helfen, wenn sie angesprochen werden. Sie schaffen einen geschützten Bereich, in dem der routinierte Arbeitsalltag die Problemlösung innerhalb des Experiments nicht belehrt oder gar bekämpft. Wenn es keinen geschützten Bereich gibt, sollen Ideen unter Zwang und unter Einhaltung einer hohen Mitarbeiterauslastung entstehen. Es wird Business-Theater gespielt, um die Kennzahlen zu schönen und Regeln einzuhalten, damit keine Konflikte entstehen.

Die Talente müssen also den Raum, die Verantwortung und die Befugnisse bekommen, um Entscheidungen im Rahmen ihres Experiments selbst zu treffen. Nur sie sind die Talente für dieses Problem.

Wo wollen Sie beginnen? Was hat für Sie die höchste Priorität? Suchen Sie sich einen Verhaltens- oder Strukturbereich aus, für den Sie sich selbst einen Schutzraum gestalten können. Wo können Sie mit dem neuen Verhalten experimentieren? Starten Sie ein kleineres Projekt, dessen Team sie anders führen. Laden Sie zu kleineren Meetings oder kleineren Experimenten ein. Übernehmen Sie eine ehrenamtliche Führungsrolle, in der Sie einladend führen.

Wie im Vorwort beschrieben, geht es nicht darum, Ihren alten Führungsstil gänzlich zu entsorgen, sondern darum, dem Bekannten ein zweites einladendes Führen zur Seite zu stellen.So können Sie Ihrem Schweinehund immer wieder im Kleinen beweisen, dass das neue Führungsverhalten funktioniert. Wer aber nicht „mal so und mal so" Führungsstile und Strukturen verändern möchte, kann mit meinem auf dem Schema-Coaching basierenden Ansatz SWITCH seinen „Switch" bewusst und nachhaltig erlernen. Im Buch LEAD wird der Wechsel von Verhaltensmustern ausführlich beschrieben.

Und wenn es doch einmal einen Rückschritt gibt? Selbstkontrolle ist eine sich erschöpfende Ressource. Wenn man neues Verhalten hart trainiert, kann man müde werden. Erst wenn es zur neuen Gewohnheit wird, belastet es uns nicht mehr. Sehen Sie Rückschritte daher nicht als Rückschritt, sondern als Ehrenrunde. Wir brauchen eine gewisse Fluchtgeschwindigkeit, damit die Flucht aus der alten Gewohnheit oder die Flucht aus der Sucht gelingt. Alte Gewohn-

heiten haben eine große Anziehungskraft, eine Gravitation, der wir nur mit Schwung und entsprechender Geschwindigkeit entgehen können.

Wie bei einem Aufziehauto sorgt der Schritt nach hinten dafür, dass wir im Inneren eine Spannung aufbauen, die dann dafür sorgt, dass wir nach vorne schnellen. Wir werden noch einmal daran erinnert, warum wir so unbedingt der alten Situation entfliehen wollen. Jeden Rückschritt, jede Ehrenrunde können wir dafür verwenden, mehr innere Kraft zu entwickeln, um Schwung zu holen.

Jetzt erst recht!

Experimente

Erwachsene

Emotionales Bewerten

Ende

Lernen

Ehrenrunden

Engagement

Leitbilder
& Lehrer

Logbuch

Lebensfallen

Lean

Leadership

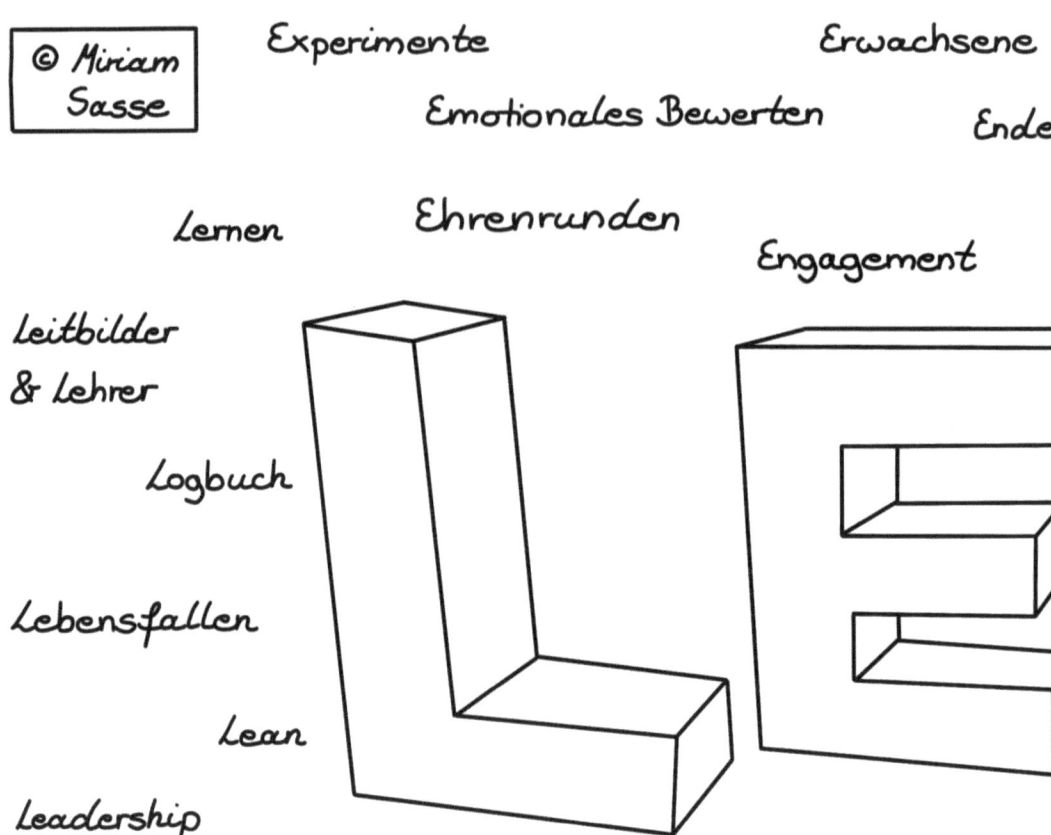

Antagonismu...

Achtsamkeit

Autono...

Resiliente Organisationen
durch einladende Führung

Anker

Au...

Entscheidung   Einladung   Dynamik

nde

Externe Referenz   Dev Ops

Experten   Dietrich

Empirie

Demut

Disruption

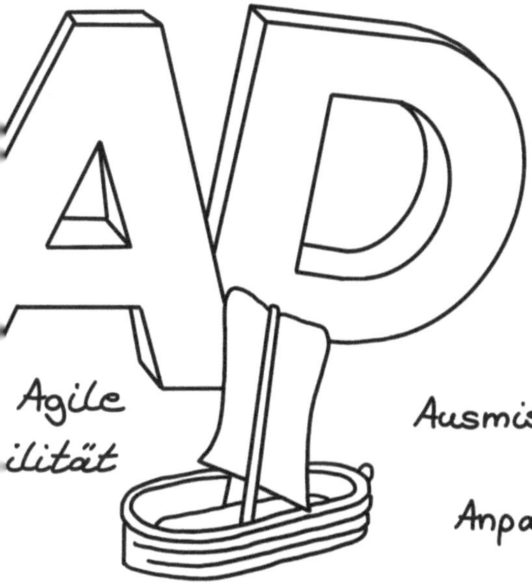

Dezentralisierung

Dualität

Denkwerkzeuge

Agile   Ausmisten

ilität

Anpassung

Absicht

Autopoiesis   Anti – Auslastung

& Ansehen   Allgemeinwissen & allerlei Ansätze

Über die Autorin

Dr. Miriam Sasse begleitet Sie zur Höchstleistung in turbulenten Zeiten. Sie zeigt in ihren Vorträgen und Büchern, dass Führung und Organisationsdesign neu gedacht werden müssen, um agile und resiliente Unternehmen zu gestalten. Auf der Suche nach der besseren Arbeitswelt bricht sie die Grenzen des klassischen Denkens: Mitarbeitende freiwillig partizipieren lassen und Probleme transparent machen, um Talente zu provozieren. Sie irritiert auf charmante und liebenswerte Weise und stellt klar, das die neue Arbeitswelt menschen- und kundenzentriert aussieht. Sie greift aktuelle Trends und die neusten wissenschaftlichen Erkenntnisse auf und fesselt ihr Publikum durch ihre erfrischende, lehrreiche und inspirierende Art.

Dr. Miriam Sasse ist Enterprise Agile Coach und Agile & Lean Transformation Lead. Als zertifizierter Business Coach, Agile Coach und Organisationsdesignerin unterstützt sie zurzeit die Selbstoptimierung von Projektteams und die Transformation zu mehr Agilität und Resilienz in einem internationalen IT- und Medienkonzern.

Zuvor arbeitete sie als Qualitätsmanagerin in klassischen und agilen Entwicklungsprojekten, als Prozessmanagerin und Projektleiterin von Entwicklungs- und Organisationsverbesserungsprojekten sowie als wissenschaftliche Mitarbeiterin.

Durch ihr Studium des Wirtschaftsingenieurwesens, Maschinenbaus und der Psychologie liegt ihr Schwerpunkt in der Aufbereitung psychologischer Erkenntnisse für die Vorstellung und Anwendung im ingenieurwissenschaftlichen Umfeld. Die Methoden und Ansätze KANOSSA, AMPEL und ABCDE für Teams, House of Resilience, TRAMPOLIN, Schema-Coaching für Teams SWITCH u. a. wurden von ihr entwickelt.

Sie ist regelmäßig als Rednerin auf Konferenzen unterwegs und gibt Seminare bei der Gesellschaft für Projektmanagement, dem VDI Wissensforum und an Universitäten.

Dr. Miriam Sasse ist zusammen mit Joachim Pfeffer Autorin des ersten deutschsprachigen Buches zu einladungsbasierten Transformationen – „Das OpenSpace Agility Handbuch". Sie ist Herausgeberin der „Agile Short Stories", einer Sammlung von 49 Geschichten aus der agilen (Arbeits-)Welt von 45 Autorinnen und Autoren. Sie veröffentlicht regelmäßig Artikel in renommierten Zeitschriften.

Kontakt:
E-Mail: mail@miriamsasse.de
Homepage: www.miriamsasse.de

Sowie auf LinkedIn, Twitter, Instagramm, Xing, Facebook und YouTube.

Dr. Miriam Sasse
Agilität · Resilienz · Transformation

Quellenverzeichnis

Baecker, D. (2011). Organisation und Störung. Berlin: Suhrkamp.

Blickle, G. (2004) in Nerdinger, F. W., Blickle, G., Schaper, N. & Solga, M. Arbeits- und Organisationspsychologie: Extras Online (Springer-Lehrbuch) (3. Auflage). Springer.

Bungay, S. (2010). The Art of Action: How Leaders Close the Gaps between Plans, Actions and Results (Illustrated). London: Nicholas Brealey.

Burns, J. M. (1978). Leadership. New York: Harper Row.

Dueck, G. (2020). Heute schon einen Prozess optimiert? Frankfurt am Main: Campus Verlag.

Duhigg, C. (2016). What Google Learned From Its Quest to Build the Perfect Team. New research reveals surprising truths about why some work groups thrive and others falter. In: New York Times Magazine, Feb. 25, 2016. https://www.nytimes.com/2016/02/28/magazine/what-google-learned-from-its-quest-to-build-the-perfect-team.html

Geyer, G., Kohlhofer, I. (2008). Emotionen in M&A Projekten: Öl oder Sand im Getriebe. In: Zeitschrift für OrganisationsEntwicklung, 3/2008, 31-37.

Greenleaf, R. (1970). Servant as Leader. Center for Applied Studies.

Hüther, G. & Hauser, U. (2015). Würde: Was uns stark macht - als Einzelne und als Gesellschaft (4. Aufl.). Pantheon Verlag.

Katzenbach, J., Smith, D. (1993). The Wisdom of Teams: Creating the High Performance Organization. Boston, MA: Harvard Business School Press.

Kersten, M. (2018). Project to Product: How to Survive and Thrive in the Age of Digital Disruption with the Flow Framework. Portland, OR: IT Revolution Press.

Kotter, J. P. (2012). Leading Change. With a New Preface by the Author. Boston, MA: Harvard Business Review Press.

Kruse, P. (2004). next practice. Erfolgreiches Management von Instabilität. (8. Aufl.). Offenbach am Main: Gabal Verlag GmbH.

Luhmann, N. (2000). Organisation und Entscheidung. Opladen: WDV.

Marquet, D. (2012). Turn the Ship Around! How to Create Leadership at Every Level. Austin, TX: Greenleaf Book Group Press.

Lipmanowicz, H. & McCandless, K. (2014). The Surprising Power of Liberating Structures: Simple Rules to Unleash A Culture of Innovation (Black and White Version) (1. Aufl.). Liberating Structures Press.

McGonigal, J. (2011). Reality Is Broken: Why Games Make Us Better and How They Can Change the World. New York: Penguin.

Mezick, D., Sheffield, M. (2018). Inviting Leadership. Amsterdam: Amsterdam University Press.

Mezick, D., Pfeffer, J., Pontes, D., Sasse, M., Sheffield, M., Shinsato, H., & Kold-Taylor, L. (2019). Das OpenSpace Agility Handbuch. Wangen im Allgäu: Peppair GmbH.

Ruesch, J., Bateson, G., Watzlawick, P. & Simon, F. B. (2012). Kommunikation – die soziale Matrix der Psychiatrie (2., kor. Auflage) Heidelberg: Carl Auer.

Schiewek, W. (2016). Ethische Dimensionen der Stabsarbeit. In: Hofunger, G., Heimann, R. (Hrsg.). Handbuch Stabsarbeit: Führungs- und Krisenstäbe in Einsatzorganisationen, Behörden und Unternehmen, S. 23-29. Berlin: Springer.

Schmitt, T., Esser, M. (2010). Status-Spiele. Weinheim: Beltz Verlag.

Sinek, S. (2017). Leaders Eat Last: Why Some Teams Pull Together and Others Don't. Penguin Random House LLC. Kindle Edition.

Wohland, G., Wiemeyer, M. (2012). Denkwerkzeuge der Höchstleister: Wie dynamikrobuste Unternehmen Marktdruck erzeugen. Weinheim: Beltz Verlag.

Das OpenSpace Agility Handbuch

Organisationen erfolgreich transformieren: gemeinsam, freiwillig, transparent

Daniel Mezick, Joachim Pfeffer, Deborah Pontes, Miriam Sasse, Mark Sheffield, Harold Shinsato, Louise Kold-Taylor

Paperback, 292 Seiten
ISBN-13: 9783947487028
Verlag: Peppair GmbH
Erscheinungsdatum: 20.05.2019
Sprache: Deutsch

In einem reaktionsstarken und wettbewerbsfähigen Unternehmen finden Sie die agile Haltung auf allen Ebenen. Doch diese Haltung entwickelt sich nur, wenn alle im Unternehmen in Veränderungen einbezogen werden und sie selbst steuern dürfen - dann wird der Wandel zum Selbstläufer.

Aber wie bewegt man eine ganze Organisation zum Mitmachen?

Die Autoren nehmen dazu die Großgruppen-Moderationsmethode Open Space als zentralen Hebel der Organisationsentwicklung unter die Lupe. In ihrem neuen Ansatz „OpenSpace Agility" greifen etablierte Konzepte perfekt ineinander: einladungsbasiertes Führen, Open Space Technology, Experimentieren, Lern- und Feedback-Schleifen, Spielemechanik, Übergangsrituale, Storytelling und vieles mehr.

Das erfahren Sie in diesem Buch:

- Wie Sie die Voraussetzungen für eine wirksame Veränderung aus der Mitte schaffen
- Wie Sie mit ehrlichen Einladungen leidenschaftliche Mitstreiter finden und Momentum erzeugen
- Wie Sie verhärtete Strukturen überwinden und dabei Sackgassen und Stolperfallen vermeiden
- Wie Sie OpenSpace Agility sofort umsetzen können und so das Engagement der Mitarbeiter fördern

Exklusiv enthält diese deutsche Ausgabe Teil II von Dr. Miriam Sasse und Joachim Pfeffer. Sie bieten viele Tipps, Transfer- und Reflexionsfragen, die bei der Umsetzung helfen.

OpenSpace Agility kompakt

Mit Freiraum und Transparenz zur echten agilen Organisation

Joachim Pfeffer, Miriam Sasse

Booklet, 48 Seiten
ISBN-13: 9783947487011
Verlag: Peppair GmbH
Erscheinungsdatum: 04.06.2018
Sprache: Deutsch
        Auch auf Englisch erhältlich.

Ihr individueller Weg zur agilen Organisation mit OpenSpace Agility

- Wie können Sie in Ihrem Umfeld agile Arbeitsweisen erfolgreich einsetzen?
- Wie können Sie Agilität in der gesamten Organisation etablieren?
- Wie können Sie eine bereits begonnene Veränderung in die Agilität wiederbeleben?
- Wie können Sie Unsicherheit und Konflikte bewältigen?

Die Antworten auf diese Fragen liegen immer innerhalb Ihrer Organisation - die Menschen darin kennen die Antworten oder werden sie finden. Mit dem Engagement Model „Open Space Agility" (OSA) gelangen Mitarbeiter zu eigenen Lösungen und genau dadurch entsteht tiefgreifende und nachhaltige Veränderung. Open Space Agility bietet einen strukturierten Ansatz für die Veränderung, der durch Freiraum und Transparenz den Weg zur echten agilen Organisation ebnet.

Dies ist das erste deutschsprachige Buch zu OpenSpace Agility. Wir zeigen die Herausforderungen von Organisationsentwicklungen auf und wie Sie ihnen mit den Prinzipien und Modellen von OpenSpace Agility begegnen können. Sie lernen den Ablauf einer Transformation mit OSA kennen und bekommen von uns Anregungen für die ersten Schritte mit OSA in Ihrem Unternehmen.

Mehr unter os-agility.de

LEAD

Resiliente Organisationen durch einladende Führung

Miriam Sasse

Paperback, 288 Seiten
ISBN-13: 978-3947487134
Verlag: Peppair GmbH
Erscheinungsdatum: 13.01.2022
Sprache: Deutsch

Ob wir es „Agilität" nennen oder anders: Unternehmen müssen die Fähigkeit entwickeln,sich wendig an die Kapriolen unberechenbarer Märkte anpassen zu können. Glücklich ist in dieser Situation, wer die Überlegungen hinter Buzzwords wie New Work, Scrum, Kanban verstanden hat, statt die zuhauf verfügbaren Blaupausen des Agile Industrial Complex blindlings anzuwenden. Den Versprechen der neuen Arbeitswelt nach wirkungs-, werte- und sinnvollerer Arbeit sollten Sie nicht uneingeschränkt vertrauen:

In der Umsetzung schafft ein gelöstes Problem viele neue Probleme, wenn bestehende Organisationsstrukturen und Verhaltensmuster nicht hinterfragt werden.

Am wenigsten können sich Führungskräfte dem Wandel entziehen. Ihre Aufgabe ist, klug abzuwägen: Was müssen wir bewahren, was muss sich verändern und wie gehe ich in dieser Veränderung voran? Führung wird so zum aktiven Gestalten zwischen Stabilität und Dynamik, durch das die einzelnen Menschen und schließlich die Organisation resilienter gegenüber dem Unvorhergesehenen werden. Die Fähigkeit von Führungskräften, das Potenzial von Menschen zu erkennen und sichtbar zu machen - das Fördern von „Talenten" -, spielt dabei eine zentrale Rolle.

Dr. Miriam Sasse betrachtet in diesem Buch agile Konzepte sowie gängige Führungsansätze aus psychologischer und systemtheoretischer Sicht. Durch diesen klaren, unverzerrten Blick zeigt sie auf, wie wirkungsvolle Führung hin zur Resilienz gelingt. Sie entwickelt ein „Inviting Leadership", das die Kraft von Einladungen und Experimenten für die Veränderung nutzt. Das stärkt nicht nur Teams und macht sie handlungsfähig, sondern lässt Führungskräfte selbst resilienter werden.

Agile Short Stories

49 Geschichten über das Agilwerden und Agilbleiben

Miriam Sasse, Joachim Pfeffer (Hrsg.)
J. Andresen, P. Berleb, K. Best, H. Bornholdt, T. van der Burg, S. Bretfeld, C. Dethloff, J.M. Diaz, P. Diebold, S. Dittrich, A. Dobry, J. Dorenkamp, J. Eckstein, F. Edelkraut, C. Eisinger, H. Erretkamp, M. Fazal-Baqaie, P. Gfader, M. Grosser, P. Hammerer, C. Heidemeyer, C. Heinrich-Cibis, P. Hohl, M. Janotta, S. Kaltenecker, J. Köster, D. Kohler, V. Kotrba, S. Lammert, C. Laube, A. Lorenz, D. Maximini, D. Mezick, R. Miarka, J. Philipp, J. Pilster, C. Salz, F. Sazama, V. Unterrainer, A. Stolze, G. Wohland, K. Wybranietz

Paperback, 432 Seiten
ISBN-13: 9783947487127
Verlag: Peppair GmbH
Erscheinungsdatum: 06.12.2019
Sprache: Deutsch
          Auch auf Englisch erhältlich.

Geschichten transportieren mehr als nur Wissen. Sie berühren, inspirieren, schaffen Nähe und ein Gespür für andere Menschen. Geschichten zeigen etwas von uns selbst und werden so zur Hilfe, wenn wir uns in ähnlichen Situationen befinden.

In diesem Buch teilen 45 Autorinnen und Autoren ihre Erlebnisse aus der Welt der Agilität. Es sind erfahrene Product Owner, Scrum Master, Führungskräfte, Agile Coaches, Berater und Organisationsentwickler. Sie erzählen wahre Geschichten aus ihrem Arbeitsalltag und ihrem persönlichen Leben: über die ersten Schritte und Spannungen in Teams, förderliche und hinderliche Führung, Verluste und Ängste, erstaunliche Entwicklungen, klare Werte und Haltungen. Diese Geschichten machen das Angebot, als Menschen voneinander zu lernen.

Mit dem Kauf dieses Buches unterstützen Sie Flying Hope e.V.